教科書には載っていない！

明治の日本

～The strange Japan of Meiji Period～

熊谷充晃 著

彩図社

はじめに

明治時代は、1868年9月8日（旧暦）に元号が「明治」と改められたことで始まり、1912年7月30日に「大正」に改元されて幕を閉じた約45年間を指す。「元号」がひとりの天皇に対して一つだけと定められた最初の時代であり、日本が近代国家としての歩みをスタートさせた時期でもある。ところで、皆さんは「明治時代」という言葉にどのようなイメージを抱いているだろうか？

幕末維新を経て日本国中から現れた、新世代の政治家や軍人たちが、近代国家としての体裁を整えていく「産みの苦しみ」と、それを克服していくことによって国家が「健やかな成長」を著しく遂げた時代だろうか。

あるいは「文明開化」の四文字に象徴されるように、何事においても前時代とは大きく異なった、きらびやかで、日本人があっという間の変化を謳歌した時代だろうか。

はたまた日清戦争・日露戦争に代表されるように、日本が「世界の一等国」として国際社会での地位を飛躍的に上昇させていく時代だろうか。

時代の中心にあった人物となると、現在では1万円札でお馴染みの福沢諭吉や、以前は長く

1000円札の肖像として使用されていた伊藤博文あたりが、すぐに思い浮かぶ名前だろうか。もしくは日露戦争の英雄・東郷平八郎や秋山真之などを挙げる人もいるかもしれない。いずれにせよ「明治」という言葉の響きの中には「飛躍的な発展」「栄光の時代」といったキーワードが内包されている、そんな印象を受ける人が、圧倒的に多いのではないだろうか。

しかし、いつの時代にも言えることだが、社会が大きく変革しようという時期には、同時に、それ相応の戸惑いや迷走も生み出される。明治時代とて例外ではなかった。

多くの人は「いち早く順応していった日本人」の姿を連想するかもしれないが実情は違っており、井上馨が「欧化政策」を推し進めたように、政府からの強制措置も使わなければ、浸透していかない文化も多かったのだ。

新たな法令を布告するたびに、必ずどこかで誤解や曲解が生じていたし、皆が皆「お国のため」と愛国心を持っていたと思いきや、いざ徴兵制度が始まると「徴兵逃れ」にやっきになる庶民と、それを取り締まる当局のイタチごっこが勃発した。

「飛躍的な発展」に要したエネルギーの中には、国民の無理解や反発をどうやって納得させるかという、知恵も含まれていたということだ。

また「栄光の時代」についても、優雅に泳ぐ水鳥が水面下では足をバタバタと動かしているのと同じように、日本が列強の一角を占めるまでのプロセスには、とてつもない努力や、様々な試行錯誤が存在していた。

そのように、明治人たちが戸惑い、迷走しながらも近代化を前に進めていった証が「飛躍的な発展」であり「栄光の時代」なのである。

本書では、その「明治時代」の表から裏まで、余すところなくご覧頂く。

まず第一章では「明治日本の意外な姿」として、近代化がはじまって間もない時代ゆえの騒動や誤解、さまざまな文物が日本に定着していく過程などを紹介する。

第二章では「命運をかけた日清・日露の大戦」として、華々しい戦果に隠された数々の事件や背景、関わった軍人たちを取り上げた。

続く第三章は「新しい国造りの裏で」と題し、明治新政府が数々の困難と戦って近代日本の骨格作りをしていく様子を描いた。

そして最後の第四章では「あの明治人の意外な素顔」として、時代を支えた英雄や有名人の、日本人には知られていない驚きの一面を紹介した。

読み進めることで、私たち現代日本人の日常は、ほとんどが明治時代をベースにして出来上がっていると気付くはずだ。それらを築き上げた人々の過剰なまでのエネルギーが、この時代の最大の魅力である。〝19世紀の私たち〟の奮闘を、心ゆくまでお楽しみ頂ければ幸いである。

教科書には載っていない！

明治の日本

目次

第三章 新しい国造りの裏で 125

第四章 あの明治人の意外な素顔

【第一章】明治日本の意外な姿

明治の逸話 其の1

【軍神が言い渡したのは退学処分！】

日本初のミスコン優勝者の悲劇

●「美人」の対象は「クロウト」限定だった

フェミニストからは「女性蔑視だ」などとクレームを付けられることがあるものの、半ば日本社会の定番イベントとして定着した「ミス・コンテスト」、略してミスコン。

ミスコンというと、その代表的な舞台は、やはり学校だ。大学であれば、ほとんどの学校で毎年開催され、歴代受賞者から数多くの女子アナウンサーやキャスターを輩出している「名門」コンテストも少なくない。

そのミスコン、なんと「美人コンテスト」として古く明治の昔に開催されていたのだ。ところが、現代とは倫理観がかけ離れている時代である。日本初のミスコン優勝者は思わぬ悲劇に見舞われることになる――。

「美人コンテスト」が誕生したのは、町人文化が開花した江戸時代。しかし、その対象は明治中頃までは芸妓などの「クロウト」に限られ、一般の女性、即ち「シロウト」が美しさを競うという風潮はなかった。

芸妓たちは芸の技量は当然として、外見的な美、性的なアピールも売り物だ。美しさをもてはやされることは、彼女たちにとっては宣伝になるし、街で噂の美人といえば「クロウト」と相場は決まっていた。彼女たちは、世の男どもが好奇や羨望の眼差しを向ける芸能人であり、それが「シロウト」に向けられるのはまだ先のことだ。

●絵葉書ブームの担い手も芸妓たち

明治の「百美人展」で1位になった玉菊

1904（明治37）年に日露戦争が始まると、戦地へ送る手軽な慰問品として、絵葉書に人気が集まった。絵葉書の中身は当世流の美人画。過酷な戦場での〝慰み物〟として重宝されたわけだ。

ここでもモデルは芸妓たち。彼女たちは今で言うグラビアアイドルのようなもので、絵葉書はブロマイドと言い換えることができる。

明治時代に撮影された水着の芸者

この少し前には、海老茶袴の女学生ブームが起きているのだが、これも現代で見られる「現役学生」を起用したものではなく、あくまで女学生に扮した芸妓たちをモデルに描かれた写実的な美人画や、撮影された写真だった。

つまりコスプレだ。女学生ブームが落ち着くころには、派手な洋装に帽子をかぶり、上流階級の貴婦人に扮するなど、人気取りに走る現在のアイドルと何ら変わらない活動をしていたわけだ。

現代とは違うのが、一般の「シロウト」が彼女たち「クロウト」の真似ごとをするなど、許される世情ではなかったということ。

外面の美だけを磨こうとする心根は「恥」とすら考えられていたからだ。厳格な線引きが、そこにはあった。

そうした考え方や風潮が残っている時代に、ついに果敢に一般女性を対象にした「美人コンテスト」が開かれたのだ。

●令嬢の絶頂と転落

日本初の一般女性も対象に含めた「美人コンテスト」は、読者のさらなる獲得を目論む時事新報社という新聞社の主催であった。

下世話な目論見はなく、世界と肩を並べるための文化事業として、真面目に「女性の美」を審査しようと企画されたものだった。ちょうど絵葉書ブームに沸いた日露戦争の終結から間もない時期。「日本は女性の権利を認める文明国である」という証を立て、さらなる国威発揚を狙っていたのだろう。コンテストは「日本美人写真募集」という名前で、全国各地に住まう良家の淑女が審査対象となった。

アメリカのシカゴ・トリビューンという新聞社が企画し、世界中に参加協力を呼びかけた「ミス・ワールドコンテスト」というイベントがある。実は「日本美人写真募集」は、その日本予選として実施されたものだ。主催者の本気度を裏付けるかのように、総額3000円もの賞金が受賞特典として用意された。

末広ヒロ子。なるほど美人である

1908（明治41）年3月。7000名近い応募者の中から見事優勝したのは、学習院女学部3年生、当時16歳の末広ヒロ子さん。

ほぼ満場一致という、驚異の選考結果だった。ヒロ子

本項では脇役だが、野津（左）も乃木（右）も帝国陸軍の英雄である

は自分で応募したわけではなく、義兄が勝手に郵送していた。現在でもよく聞くパターンである。彼女の写真は日本代表としてアメリカでも公開された。一夜明ければ、日本全国を巻き込むスーパーアイドルに。

ヒロ子のもとには山のような縁談が舞い込み、父を喜ばせた。ところが、優勝という栄誉から間もなく、彼女の人生は暗転する。

何と、学校を退学処分にされてしまうのだ。

間が悪かったのが、当時の校長先生は、あの〝軍神〟乃木希典《のぎまれすけ》。彼は厳格な規律で風紀を糺《ただ》すという方針で運営にあたっており学内の協議会で、

他の生徒等の取り締まりの上、停学もしくは論旨退学の処分をなさんと決定してしまった。

つまりは「良家の出で、レディとしてのたしなみを身に付ける立場にありながら、軽々しく美を売り物にするような下世話な企画に参加するとは何事だ！　周囲にも悪影響を及ぼす」というのが理由であった。

●最後はめでたし、めでたし

自分で応募したわけではないのに、退学処分を言い渡され失意のヒロ子。彼女に手を差し伸べたのは、当の乃木だった。

というのも、彼はヒロ子がコンテストに応募した経緯を知らなかったのだ。義兄の仕業だと知った時には後の祭り。申し訳なく思った乃木は、旧知の仲であり、日清・日露戦争で功を上げた元帥・野津道貫《のづみちつら》の息子・鎮之助に目をつける。当時の彼は未婚であり、侯爵。この、縁談を求めて列ができるようなステータスの軍人をヒロ子のお相手に紹介しようというのだ。

乃木はさっそく小倉市の末広家に赴き、処分の過ちを深く詫びると、手土産として「侯爵との縁談」を持ちかけるのである。末広家に選択の余地などあろうはずがない。二人はただちに対面し、婚儀ということに相成ったのであった。ヒロ子の将来を案じ、自ら奔走した乃木を、世間は〝軍神の恩情〟ともてはやしたのだった――。

というのが、広く知られているエピソードだが、実際の背景は違っていたようだ。

実は野津家と末広家は隣同士であり、二人は互いを幼少から知る間柄だったという。考えてみれば、ヒロ子は小倉市長の娘である。いくら有力者とはいえ、九州の平民の娘がはるばる学習院に通っていた点から考えても、許嫁の父と旧知の乃木に「預けられていた」と見るのが自然である。鎮之助が未婚だったのも辻褄が合う。

前述の逸話は国民的英雄・乃木の「神話」のひとつだということだ。

そんな経緯はさておき、ヒロ子と鎮之助の結婚生活は幸せなものだったようだ。

舅の道貫はかねてより胃癌を患っており、息子が結婚してすぐに臨終の床に就いてしまった。新妻ヒロ子は献身的に寄り添って身の回りの世話をこなし、周囲はその賢妻ぶりに驚いたという。

「ミス日本」から一転、退学処分となり、今度は「侯爵夫人」に。その美貌が災いして思わぬ仕打ちを受けたヒロ子だったが、幸せを引き寄せたのは彼女の内面にあったような気がしてならない。

明治の逸話 其の2

【明治時代、あの日本人の好物は？】

カレー、ビール、アイスクリーム

●カエルが消えてネギも去り

ここでは、文明開化期に輸入され、今や我々とは切っても切れない関係となっている三つの「日本人の好物」を紹介したい。まずは、「日本人の国民食」と言っても良い評価を得ているカレーライスだ。

軍隊食に取り入れられたことに端を発し、今も生産が続く「海軍カレー」といった伝統の商品がある一方、日本で開発されたレトルトパウチ技術を使った保存食品の分野では、生産量のほとんどがカレーで占められている。小中学校の給食メニューでも人気上位に入るなど、その存在感は際立っている。

ご存知のように、カレーはインドに起源を持つが、ご当地のカレーと日本のそれはまったく

レシピ本『西洋料理指南』

違う。インドを植民地支配していたことから、料理が輸入されたイギリスのカレーも、日本とは異なっている。この料理は、日本人に合わせて「和食」として発展したのだ。

明治元年の創業で西洋割烹の元祖とされている東京・神田の「三河屋」という店では、1877（明治10）年ごろのメニューにはすでに「スープ」「ミルク」「コーヒー」「サラダ」などとともに「ライスカレー」の文字が躍っている。庶民への浸透度は別として、近代化を知らせる西洋料理の一角をカレーが占めていたのだ。

さらに時代が下って日露戦争のころには、『女鑑』という和洋折衷メニューを取り扱った書物で「カレーの味噌汁」というものが紹介されている。分量さえ間違えなければ、今でも十分に人気が出そうなメニューではないだろうか。

現代からするとゲテモノ扱いされそうな素材を使うのは1872（明治5）年発刊の『西洋料理指南』のカレーレシピ。

まずはネギ、ショウガ、ニンニク、バター。

このくらいなら良しとしても、続いてエビ、タイ、カキと続き、にわかにシーフード料理か？

という疑念が湧く。さらに鶏が加わり、ゴージャスになったかと思いきや、ここでアカガエルが紹介される。確かにカエルは食味が鶏肉に似ているともいうが……。

ここまでされると何でもありのごった煮料理という印象が強くなってしまう。ほかに加えるのは小麦粉とカレー粉。どうやら、この当時から「カレー粉」という調味料は存在していたようだが、それでも上流階級向けの高級西洋料理店でしか口にできないメニューだった。若年層には当時から人気があったらしく、翌年には早くも陸軍幼年学校の給食に「ライスカレー」が登場している。

『西洋料理指南』と同じ年、仮名垣魯文《かながきろぶん》も『西洋料理通』を出版しているが、こちらでは牛肉、鶏肉、ネギ、リンゴ、小麦粉、ユズ、カレー粉が材料として紹介されている。

こうしてレシピはいろいろと紹介されたが、ネギはタマネギにその座を譲り、カエル肉は普及することなく消え去った。庶民の料理として普及するなかで食材が淘汰されてゆき、現在のカレーライスに繋がっていくのだ。

●ビールは「苦い」「うまい」でファンを獲得？

「とりあえず」の声と共に、宴席で日本人が真っ先に注文する飲み物が、ビールだ。

江戸時代にオランダ人が持ち込んだことが起源とされ、今や「国民的ハードドリンク」であ

右手に見える建物が「恵比寿ビヤホール」

る。ビールの普及に一役買ったのが牛鍋。文明開化の象徴として盛んに食されていた牛鍋のお供を務める飲み物として、知られるようになったのだ。

しかしこの時点では、まだ珍奇な組み合わせが好奇心を煽っただけで、本格的な定着にはさらなる時間を要した。何せシュワシュワと上がるガス、ブクブクと立つ泡、見た目だけでも衝撃的なのに飲んでみると「苦い！」と来るのだから、愛飲する人は一握りであった。

その代表は政府内にいた。

西郷隆盛の弟、西郷従道《つぐみち》だ。1889（明治22）年、海軍大臣だった彼は、当時の文部大臣・森有礼《ありのり》が「欧化主義者」だとして国粋主義者に暗殺されると、失意や悔しさを紛らわせるためか「ビールを持ってこい！」と周囲に怒鳴り、何杯も煽ったという逸話を持つ。「やけ酒」の元祖と言えそうだ。

やがて1887（明治20）年には、日本麦酒醸造会社が設立され、翌年からビール製造が開始される。1897（明治30）年には大阪・中之島に「アサヒ軒」という日本初の常設ビヤホールが誕生し、その2年後には日本麦酒肝煎りのビヤホール「恵比寿ビヤホール」が東京・新橋に登場している。

ところで、「アサヒ軒」がオープンしたのは9月。

2年前の京都勧業博覧会に大テントを張って臨時営業したところ、大盛況だったことを受けての出店だった。ところが、2年前は夏場の営業で「暑さにはビール！」を売り文句にバンバン売っていたのだが、出店時期は秋。

夏場向けのドリンクとして喧伝してきたものを、いかに冬場でも飲ませるかが大きな課題となった。そこで登場したのは、シンプルだが「お燗」したビール。

その前には新聞広告で「室内を十分に暖めましょう」と訴えて、ビールが美味しい環境を作らせるようなキャンペーンも張っているが、店では「冷温ともご嗜好に応じ……」と打ち出したのだ。

「恵比寿」の方も開業当初は苦労の連続だった。高級品だと考えられていたドリンクを庶民向けに打ち出すのだから、最初の一歩が肝心。南ドイツのつまみを真似した「塩をふった大根スライス」をメニューに載せたところ、不評だったので撤収。客の求めに応じてフキの佃煮や炒ったエビなどを提供したが、店構えや出店意図などとのギャップが大きすぎて、ほどなく断念せざるを得なかったようだ。枝豆という最高の相棒が定着するまでには、時を待たなければならなかった。

●明治初期には早くも国産化されていたアイスクリーム

夏だろうが冬だろうが、お構いなしに日本人が好むのがアイスクリームだ。「寒い冬にも冷たいアイスクリーム」という、一聴すると矛盾が感じられるキャンペーンも奏功し、冬限定のフレーバーなども売られている。

文明開化期の食生活において、特に推奨されたのが「獣肉」と「牛乳」だ。ともに滋養効果が高い点に注目されたわけだが、このうち「牛乳」の普及が、アイスクリームの普及と対になっていたであろうことは、想像に難くない。

日本人で最初にアイスクリームを食べたのは、「万延《まんえん》の遣米使節団」一行だ。福沢諭吉、勝海舟が乗る咸臨丸《かんりんまる》も同行した、徳川幕府の使節団である。パナマ経由でワシントンを目指した使節団はアメリカ大陸に上陸するとき、フィラデルフィア号で歓待を受けたのだが、このときに提供されたメニューの中にアイスクリームが含まれていたのだ。

随行者は日記に、

味は至って甘く、口中に入るるに忽ち溶けて、誠に美味なり。之をアイスクリンといふと書き記している。この後、勝海舟に私淑していた町田房蔵《まちだふさぞう》が1869（明治2）年に横浜馬車道通りで「あいすくりん」を製造。原料には氷、塩、牛乳、卵、砂糖を使っていたと推測される。この新たな味覚は、今でも「あいすくりん」の名前や「横浜馬車道」の地名を冠せられたりして、様々なところで復刻版が発売されている。

この6年後には東京・麹町の「開新堂」が売りだしたメニューが「アイスクリーム」になっており、着実に日本国内に浸透していたようだが、値段からすると庶民にとっては少々値の張る高嶺の花。それでも安価な「1杯1銭」で街を売り歩く「アイスクリーム売り」がいたというのだから、日本人の「アイス欲」には相当なものがあったのだろう。

ちなみに俳人・正岡子規は、病床にあってもビールやアイスクリームを口にしたいがあまり外出することがあったという。これら日本人の好物は、今と形こそ違えど、登場した当初から我々を引き寄せる何かがあったのだ。

明治の逸話 其の3

【獲者、第一基人、場中ってなんだ？】

明治時代の野球はこんなだった！

●ＭＬＢ創立直後に輸入された〝国民的球技〟

昨今、人気が落ち込み気味とはいえ、日本の「国民的球技」といえば、やはり野球である。その野球発祥の地、アメリカにメジャーリーグが創立されたのは１８７１（明治４）年。「メジャーリーグは日本野球より進んでいる」という印象から、日本に輸入されたのは競技の発祥からずいぶん遅れてのことと思いがち。ところが、日本へは１８７３（明治６）年という早さで伝来しているのだ。

開成学校（東京大学の前身のひとつ）に赴任したアメリカ人教師が、生徒たちに教えたのがはじまりとされており、当時は「打球鬼ごっこ」という名称で呼ばれていた。「投手と打者の一対一での勝負」という競技性が国民性とマッチしたのか、ベースボールは瞬く間に日本全国へと広まっていく。大学野球の発祥も同時期である。

　1878（明治11）年には、東京で「新橋アスレチック倶楽部」というチームが結成される。汽車の製造技術を学ぶために渡米していた、新橋鉄道局の技師・平岡凞《ひろし》がバット1本とボール3個を土産に帰国し、駅員などを誘って設立したもので、これが本邦初の本格的な野球チーム第1号である。

明治時代のルールで野球を楽しむ人々（提供：朝日新聞社）

　同時期には、徳川慶喜から徳川宗家を継いだ16代・徳川家達《いえさと》の弟達孝《さとたか》が、なんと「徳川ヘラクレス倶楽部」というチームを作っている。ここはレッドとグリーン2種類のユニフォームを着用していた。

　しかし多くの場合、ユニフォームまで用意できるはずもなく、褌《ふんどし》一丁でフィールドに立つ者、下駄を履いてプレーする者など、思い思いの出で立ちで野球を楽しんでいた。

　国産の道具などあるはずもなく、外国製のグローブを使えるのはピッチャー、キャッチャーとファーストだけで、残りのポジションは素手で守っていたというから驚

始球式での徳川家達（提供：朝日新聞社）

きだ。
当時のグローブは現在と違い、皮革製の手袋に毛が生えた程度。それでも舶来の高級品だったから、ボールを受ける可能性が高い、必要最低限のポジションにのみ着用が許されていたのだ。
もっとも、当時の野球は現在のソフトボールに似た競技で、今と比べると投球や打球の球速、球威などは比べ物にならない弱さだった。

●現在とは違う伝来当時の野球

この頃は競技そのものが黎明期だったため、ルール面でも試行錯誤の連続。

だから、現在の野球を見慣れた私たちからすると、奇異に映るルールが多かった。現在では、ひとりの打者につきストライクゾーンを外れた「ボール」判定4回で「フォアボール（四球）」となり、打者は一塁に出塁できるが、なんと当時は「ボール」が9回まで許されていた。つまり9ボールで出塁だったのだ。

また、投手は下手投げしか許されていなかった上に、今のように自由なコースに投げることができず、打者が指定するコースに投げる必要があったという。指定されたコースに投げられないと「ボール」だったのだ。

時代が変わると、打者があらかじめ審判に「オレは高めのコースが好きだから」「オレは低めがいい」などと告げて、それを審判がピッチャーに宣告してからプレーが再開された。打者ごとに「高め」「低め」「真ん中」という、ストライクゾーン三つのうちから一つを選ばせるから、投手はそれに合わせて毎回違うストライクゾーンに放るしかなかったのだ。

1896（明治29）年には、旧制一高ベースボール部対横浜外人クラブの国際試合も開催されている。2連勝ののち、アメリカ東洋艦隊デトロイト号チームにも勝利し、同艦隊オリンピア号チームには敗北したが、このころになると4ボールで出塁、投手は上手投げでも横手投げでもOKというように、現代とほとんど同じルールが多くなっていた。

●珍訳に適訳！　野球用語の事始め

ポジション名にも試行錯誤の跡が見える。

「獲者、第一基人、場中、短遮」。それぞれ何を意味しているか、お分かりだろうか。

正解は、上から、キャッチャー（捕手）、ファースト（一塁手）、センターフィルダー（中堅手）、ショートストップ（遊撃手）である。「獲者」などはキャッチャーという発音をうまく活かしており、思わず「ほほぉ」と頷いてしまう訳語だ。

これらの訳語はすべて、ひとりの人物が〝勝手に〟編み出したものだ。その人物とは、

まり投げて　見たき広場や　春の草

こんな野球にまつわる俳句を残している俳人の正岡子規。

彼が異常な野球好きであったことは有名だ。趣味が高じて所属していた新聞『日本』の紙面を使って、野球を紹介する連載記事を書いていたのだ。全3回の連載中に、ルールなどを説明する上で作り出したのが、前出の訳語たち。

1903（明治 36）年、初めての早慶戦に臨むメンバーたち

アメリカから伝来したばかりのベースボールには、その専門用語などに訳語が付いているはずもなく、野球の魅力を伝えたい一心の子規は、自らその作業を買って出たというわけだ。

何の参考もなく、自力で編み出しただけあって珍訳語揃いとなっているが、中には苦労の甲斐あって、現在でも使われている絶妙な訳をひねり出したケースもある。

例えばバッターのことを「打者」、ランナーを「走者」、フライボールを「飛球」、デッドボールを「死球」、ストレートを「直球」という具合であり、これらは全て野球用語として定着している。

一般に、「日本野球の父」と称されるのは、読売新聞社の正力《しょうりき》松太郎、ということになっているが、生涯野球の啓蒙活動に勤しんだ子規だって、「日本野球の母」くらいの称号を得てもいいような働きだ。

「文学を通じて野球の普及に貢献した」という理由で2002（平成14）年、野球殿堂入りを果たしている。自身はキャッチャーとして野球に親しみ、本名の「升《のぼる》」をもじって「野球《のぼーる》」という雅号も用いていた。

ちなみにベースボールを「野球」と訳したのは、子規ではなく、第一高等中学校の野球部員だった中馬庚《ちゅうまかのえ》という人物。子規が「短遮」と直訳していた「ショートストップ」を「遊撃手」と訳したのも彼だ。そして同校に野球部が誕生したのは1890（明治23）年ごろとされているが、1895（明治28）年に刊行された「一高野球部史」が、「野球」という文字が公的な文献に現れる最初だ。

こうした先人たちの活躍もあって、またたく間に日本に根付いたベースボール。あまりに急激な野球人気の高まりに、1911（明治44）年には東京朝日新聞で「野球と其害毒」なるネガティブ・キャンペーンが展開された。

新渡戸稲造、乃木希典ら各界の重鎮が「野球は計略を用いて相手を陥れる賎技」「大学の対外試合で時間を浪費し過ぎ」「『学校の名誉のために負けられない』というプレッシャーが選手の脳に悪影響を与える」といった、的を射ているんだか、いないんだか分からない批判を書き連ねた。

しかしこの批判に対しては、擁護に回るメディアが続出した。言い出しっぺの朝日新聞はといえば4年後、大阪朝日新聞として全国中等学校優勝野球大会（現・全国高等学校野球選手権大会）を主催。また、現在まで続く六大学野球や高等学校の選手権大会、社会人野球などといったリーグ戦・大会が幅広い年代別に開催されるようになる。

以後は不当なバッシングに遭うことなく、国民的球技へと成長を遂げていくことになる。

明治の逸話 其の4

【白鵬も鶴竜も逃れられない】

力士はみんな消防団員？

●「相撲要らない」の声に反発

西洋の文物は、確かに日本に近代化をもたらした。その過程は華々しく伝えられてきたが、一方で明治に「不遇の時代」を迎えたものもある。日本人が伝統として守ってきた習俗や文化である。これらが「どうやら外国人の目からは野蛮に見えるらしい」という理由で、虐げられ、存続の危機を迎えたのだ。

槍玉に挙げられた一つが、相撲である。

言うまでもなく日本古来の格闘技であり、神事である。古くは『古事記』にその起源が見られ、朝廷の年中行事にも欠かせない、紛うことなき「国技」だ。

ところが、これが1871（明治4）年に発布された「裸体禁止令」の煽りをまともに食らっ

〝大相撲中興の祖〟と言われた明治時代の横綱・常陸山（中央）

てしまう。「戸外で衣服を脱ぐこと」を禁じるこの法律、衣服を脱がなければ仕事ができない力士たちにとっては看過できないものだった。

しかし当時は、現在における公益財団法人「日本相撲協会」のような統一機構は存在せず、組織的に政府に逆らえない角界は、にわかに存続の危機に立たされることになる。

●消防団で存在意義をアピール

統一機構こそ存在しなかったものの、相撲の興行の仕組みは、江戸時代の時点で現在へと続くような形に整っていた。1827（文政10）年には両国・回向院を常設会場とし、年2回の本場所興行がスタートしている。

とはいえ明治初期には、「国技」を名乗っておらず、相撲は庶民の数ある娯楽のうちの一つに過ぎなかった。現在であれば「国技」を狙い撃ちするような法案に、反対運動も起きるのだろうが、当時はそんな後押しもない。

それに文明開化の影響で、新しく珍しい娯楽が次々と庶民の間に広まりつつあり、なおかつ世間からは「裸の人間同士の戦いを見せるなんて野蛮だ」という、〝文明人〟らしい批判が出始めていた。

擁護どころか、世論は「相撲不要論」に傾きつつあり、角界は近年の八百長問題に匹敵する危機的状況に追い込まれたのだ。そこで江戸改め、東京の力士たちは一計を案じた。

自分たちの存在意義をアピールして、相撲の必要性を認めてもらおう――と。

彼らの秘策は力士による「消防団」を結成することだった。今でもアスリートが社会貢献のための事業や、イベントに関与する姿が見られるが、力士たちの試みはその走りだった。

ところが、角界のイメージアップ作戦は失敗に終わってしまう。言うまでもなく、彼らは消防の世界では門外漢で、知識もなければ経験もない。それに東京は「町火消」の文化が脈々と息づいている街。彼らがプロ集団に敵うはずもなく、出動しては「モタモタしていて役に立たない」と庶民からダメ出しを食らう始末だった。

その後も、有力力士による分派騒動などがあって相撲人気は衰退する一方。ところが、1884（明治17）年、事態を一気に好転させる出来事が起こる。自らも相撲を楽しむほどのファンであった明治天皇、及びその意向を受けた伊藤博文らの尽力によって、浜離宮での「天覧相撲」が実現したのである。

こうした試合では不思議と名勝負が生まれるもので、2度の水入り後に引き分け裁定となった結びの一番が大評判となり、人気に再び火が点くのだ。1959（昭和34）年6月25日、昭和天皇がプロ野球を観戦し、野球が「国民的球技」へと成長を遂げていったように、大相撲もこの一戦をきっかけとして「国技」として公認されていくのである。当時は日清戦争を10年後に控えており、国中に尚武の気風が漂っていたことも追い風になった。

●褌も処罰の対象にされた「裸体禁止令」

力士といえば、その姿は裸に褌一丁というのが相場である。実はこの褌も、前述の「裸体禁止令」では処罰対象であった。江戸時代までは、庶民の男性は銭湯に通う時は褌一丁で半裸姿、というのが当たり前だった。しかし「裸体禁止令」はこの姿も裸体だと見なした。

東京府は裸体を厳格に取り締まるため、この法律ができた翌年の1872（明治5）年に「違式詿違《いしきかいい》条例」という、風紀に関する法律を全国に先駆けて制定。4年後には年間なんと2091人が「裸体」として取り締まられてしまった。

なぜ明治政府は、ここまでやっきになって裸体を取り締まろうとしたのか。江戸時代までの日本人は、裸に対して大変に寛容な文化を持っており、その習俗を〝グローバルスタンダード〟に矯正するには、生半可な処置では効かない、と考えたのではないだろうか。

江戸時代には春画が爆発的な人気を呼んだし、著名な浮世絵画家が風景画や美人画などと同じように春画を制作・発表していた。維新後も「裸体禁止令」が布告されるまでは、「ご開帳」と称し、寺で男女の性交現場を見せ物にするような興行が行われていた。それを庶民は「それ突け、やれ突け」と囃し立てながら普通に楽しんだのだ。

当時の新聞でも「一幅の活春画」と報じられたし、「これぞ文明開化」などと評する人物もいたという。この、あまりにも大らかな気風を糺そうと政府は必死になったのだろうし、相撲はそのとばっちりを受けたと言えるだろう。

明治の逸話 其の5

【空に浮くのは物の怪の所業？】

明治に流行したとんでもない迷信

●「こりゃ風神様の袋だ！」

人はしばしば、自分の理解を超えたものに出会うと〝怪異現象〟として済まそうとする。明治時代の日本人がまさにそうで、近代化が急ピッチで進む一方、市民感情や教育がそれに追いつかず各地で騒動が起こっていた。現代であれば常識とされることが非常識だったり、誰もが知っていて当たり前のことが、当時の大発見であったりしたわけだから、笑い飛ばすのは不公平な気もするが、捨て置くにはもったいない逸話ばかりだから、是非紹介させて頂きたい。

1877（明治10）年。東京・築地に設立された海軍省の施設で、新しい科学技術の実験が実施された。それは、「軽気球」の飛行実験。耳に馴染みがない言葉だが、後世には「気球」と総称される、あの飛行物体のことだ。

気球が登場する錦絵

すでに1世紀ほど遡った1783（天明3）年には無人飛行、さらには有人飛行もフランスが成功させており、明治初期には、風任せではなく自由に操るにはどうしたらいいのか、炎を起こさなければならない熱気球より安全に飛ばせる方法はないのか、など世界各国でさまざまな研究が進められていた。

当然ながら、まだ飛行機も空を飛んでいない時代。有名なライト兄弟が飛行機による有人動力飛行実験を成功させるのは、これより26年も後のことだから、「空を飛ぶ」ことに関しては、気球が時代の最先端を行く実用的技術であった。近代化を急ぐ日本も、研究に着手し試作品を作っては飛ばしていた。

実験を終えた気球本体は、地表からロープなどで繋留していない限り、風に乗ってフラフラ、気ままにどこかへ落下していく。繋留していても、何らかのアクシデントでロープが外れてしまえば、辿る道は同じである。

さて、この日の実験は終了。

研究員たちは、落下ポイントを絞り込んで収容の準備をしていたのだが、そこへ予期せぬ突風が吹いた。気球

風を起こす袋を持つ風神（尾形光琳「風神雷神図屏風」部分）

はフラフラと進路を変え、みるみる遠方へと流されていく。そしてたくさんの漁師が住む、海に近い村落に墜落してしまった。

現代でも、ある日突然、気球が落ちてきたら驚くだろう。ましてや、当時の人々は「気球」という存在自体を知らない。案の定、大パニックである。

ある住民が、

「風神が誤って持っている袋を落とした」

と主張すれば、横から別の住民が出てきて、

「いや、これはらっきょうの化け物だ」

と言い合いになる始末。当時の常識に照らせば、「空から落ちてくる巨大な袋」なぞ、風神様が風を起こすときに使う袋しか思い浮かばなかったのだ。

そうこうしているうちに、気球が破れて中から水素ガスが勢い良く漏れ出した。この嗅いだことのない臭いを前に、

「バケモノが悪い気を出した」

と誰かが言い出すと、またしても、上を下への大騒ぎに。研究者は「これは気球というもの

で……」と説明するしかなかっただろうが、果たして理解してもらえたのだろうか。

●根拠がないのにありそうに見える

次に紹介するのは、右のような庶民の純真な心につけこみ、あこぎな商売をする者どもの話。1906（明治39）年は、60年に1度やってくる「丙午《ひのえうま》」。最近は耳にすることも少なくなったので簡単に説明すると、十干《じっかん》と十二支《じゅうにし》を使うと60通りの組み合わせが作られるのだが、そのなかで十干の「丙」と十二支の「午」が重なる年は、昔から不幸や災いが起こると信じられてきた。

最近では1966（昭和41）年が該当し、出生率の統計をテーマにしたニュースでは、必ず「年齢別人口が低い年」として紹介される。60年に1度だから、次に「丙午」が訪れるのは2026年。このとき、この迷信が生き残っているかどうかが、少し気になるところではある。

それはともかく、不吉な年には子どもを産みたくない、というのが当たり前の親心だ。とはいえ、子どもは「授かりもの」だから「丙午」に産まれてしまうこともある。それを避けるために登場するのが避妊薬である。ところが、この原料が普通ではないのだ。当時の文書には、こうある。

蝦蟇《がまがえる》と縞蛇と蛞蝓《なめくじ》の三種を製薬調合して服すれば、懐胎せずと言いふらす者さえ出てきたりしかば、これらの虫類の値も騰貴をきたし……

油で有名な蝦蟇や、精力剤として著名な蛇類は別にして、蛞蝓とはどうしたことか。粉末にして調合したと思われるが、冷静に考えてみれば、何がどう作用して妊娠しないのか、まったく理解できない組み合わせである。しかし、この珍妙な組み合わせが、薬に神秘性を帯びさせたのか、「丙午」生まれの子どもを産みたくない明治のお母さんたちは、この「妙薬」に殺到したのだ。あちらこちらで便乗商法に勤しむ輩が続出し、ついには原料となる生き物たちが不足し価格が急騰してしまったほどだ。今なら、確実に薬事法違反と詐欺罪に問われるだろう。

●バンバン売れた対彗星用「霊薬」

最後に紹介するのは、明治に起きた「科学パニック」では最も有名であろう、1910（明治43）年のハレー彗星騒動。イギリスの天文学者、エドモンド・ハレーが軌道計算をして、約75年周期で、地球に接近することが明らかになった彗星だ。日本では「何やら巨大な石が空から降ってくるらしい」との噂が広まり、例によって数々の迷信が生まれた。

まずは「地球が終わる」という類いのものから。

「彗星が出す巨大な尾が、地球を丸呑みしてしまう」という、もっともらしい説。尾にはガスが含まれており、それが原因で地球が丸焦げになる、というおまけもついた。

「彗星が接近した影響で地球から海水がこぼれ落ちる」。これなぞは、コペルニクスの地動説が登場する以前の科学観である。そして「海水がこぼれ落ちると海底が丸見えになり、一方で地上に溢れ出た大量の海水が、世界各地で大洪水を引き起こす」と続く。確かに海水がこぼれれば洪水も起こるだろう。

次に「人類がどうなってしまうのか」についての噂。

「彗星の尾に含まれる水素と、大気中の酸素が化合して地球上は酸素不足になり、人類はみんな窒息する」。窒息の原因は諸説ささやかれたものの「どうやら息ができないらしい」という点で庶民の見解は一致した。

なんと「息ができないんじゃどうしようもない」「何が起きるか分からないけど、地球上のどこでも天変地異が起きるんじゃ逃げ場がない」と諦めて自殺する人が続出するのだ。

対策として多く見られたとされるのが、彗星が通過するタイミングで、空気を溜めておいたゴムチューブを酸素ボンベ代わりに使い窒息を防ぐだけではなく、彗星の尾が撒き散らす毒を吸い込まないようにする、というもの。おかげでゴムチューブの販売量はうなぎ登り。

また、「どうせ死ぬならボロ儲けしてから死のう」と考えたのか、「どこまで本当か分からないから、このチャンスに一儲けしよう」と考えたのか、いずれにせよ、ここでも登場するのがインチキ商売。

またしても「霊薬」と称して「これを飲めば彗星の厄災から逃れられる」と掲げた丸薬が飛ぶように売れた。そんな騒動が、接近を知らせた時期から過ぎ去るまで、実に1年近くも続いたのだった。

現在の感覚からすれば滑稽だが、ここで思い出していただきたい。ハレー彗星の騒動から90年近くも経った時、流行したのが「ノストラダムスの大予言」。明治の人が見れば、予言の内容から対策まで何も進歩していない、と言うのではないだろうか。

明治の逸話 其の6

【ネガティブキャンペーンもお構いなし】

明治の仁義なきタバコ販売戦争

●広告の表現方法は無法地帯

明治後期になると、国内に近代的な会社組織や商習慣が根付き始める。広告による宣伝も盛んになるが、現在とは違い明確な表現上のルールや制約はなかった。現代であれば法律・倫理上の問題から、決して世には出ないであろう珍妙なキャッチコピーやイラスト、誇大で刺激的な文言が見られるのが、明治の広告の特徴である。

そんな広告社会黎明期の主役が、タバコであった。

今ではすっかり世間の日陰者とされ、テレビ、ラジオなどあらゆるメディアでの製品広告掲載を自粛せざるを得ないタバコ業界。パッケージにも規定以上の大きさで健康に関する「自己否定」の注意書きを載せなければならず、増税が議論されれば、真っ先に槍玉に挙げられるタバコが、なんと華々しい広告戦争の主役となっていたのである。

タバコといえば、塩・アルコールと並んで政府が管理する「専売商品」としての印象が強いが、専売となったのは１８９８（明治31）年のこと。それまでは自由に製造・販売が許されており、全国に５０００人ほどのタバコ製造業者がいたという説もある。

江戸時代まではタバコと言えば、葉を細かく刻んだものを、キセルという中空のパイプの先に詰め着火して吸う「刻みタバコ」のみ。しかし文明開化の音と共に、現在では当たり前となった「紙巻きタバコ」が持ち込まれ、手軽さからこのタイプを好む人は増えていく。

この成長性抜群の新たな市場を巡って、熾烈な販売合戦が繰り広げられることになる。連日、新聞広告の主役として多くの商品が掲げられたが、なかでも合戦の主人公になった銘柄が「天狗」と「ヒーロー」だ。

●国産にこだわった東の「天狗」

まず、「天狗」を販売していたのは「町人の西郷隆盛」を自称する岩谷松平《いわやまつへい》。

国産刻みタバコの中では品質が良いと評判だった薩摩の出身で、弟を渡米させてタバコの製造技術を学ばせる一方、銀座に拠点を構え西洋より品質が劣るとされた国産葉にあえてこだわり、改良を加えながら１８８４（明治17）年ごろに「天狗」ブランドを立ち上げる。

これが国内勧業博覧会で賞を取るなどして着実に売り上げを伸ばした。日清戦争後には国から品質を認められ「恩賜タバコ」の製造を任されるまでになった。ブランド力を強めると共に50本12銭の「金天狗」や50本10銭の「銀天狗」など銘柄を増やした。

広告宣伝の中身でも、絵入りの広告ポスターに、鏡台の前で腰から上の肌を露にした女性の後ろ姿を大きく描いたものを用意するなど、奇抜さでも群を抜いていた。

岩谷は軍服をベースにしたような自身の洋服はもちろんのこと、馬車、工場の屋根から柱、ありとあらゆるものを赤で統一した。

赤を選んだのは、「西洋の商人と比べれば日本の商人は赤子同然」という謙虚な現状分析と向上心からだそうだが、とにかく目立つことに変わりはない。イメージカラーで世間に存在感をアピールすると同時に「広告の親玉」や「安売りの隊長」などと自分にニックネームを付けた。

アイディアの創出にかけては天才的で、本邦初の道路端に掲げる大きな看板を設置したのも岩谷である。

岩谷商会の「天狗煙草」宣伝ポスター

●海外資本を味方にした西の「ヒーロー」

対する「ヒーロー」は、京都の村井吉兵衛がアメリ

村井兄弟商会の「ヒーロー」ポスター

カから輸入した葉を原料として、外国タバコの品質を目指して開発されたもので、価格は10本3銭5厘。1894（明治27）年の発売だが、これに先駆けて、すでに世間で名を売っていた「天狗」に対抗するかのように、1891（明治24）年に発売されたのが10本4銭の「サンライス」だった。この間、1892（明治25）年には「天狗」を意識したのか、東京・日本橋に支店も構えている。

その包装デザインはあくまでも西洋風。オシャレなパッケージを作るための印刷技術向上にも余念がなく、それはポスターなどの広告媒体にも活かされた。「ヒーロー」初期のポスターでは和装の清楚な女性を大きく描き、商品名と会社名以外の余分なキャッチコピーが一切書かれていないポスターを世に出す。時代が下って「ピーコック」という銘柄のポスターでは天駆けるペガサスが大きく描かれている。

優れた印刷技術を用いて、現在に通じるおまけ商法を始めたのも村井。「たばこカード」を作ってパッケージの中に同梱したのだ。

崇拝の対象にもなっていた伝説の生き物と時代をそのまま取り入れたような横文字。ともに開発コンセプトが商品名にも表れている。両者の対決は世間を騒がせる大々的な広告合戦に発展していく。

イメージカラーが岩谷の赤に対して村井は白。拠点が東京と京都という東と西の〝新旧首都対決〟でもあり、〝国産品対舶来品〟という対立軸もあった。こうした誰にでも理解しやすい明確な違いは、さらに熾烈な広告戦争を生み出す下地にもなった。

そして1901（明治34）年。村井は満を持して東京に拠点を移す。いよいよ直接対決の火蓋が切られるのだ。

「ヒーロー」は、幾多のヒーローを生み出した日清戦争後の国内に広がった戦勝気分を追い風に売り上げを伸ばす。

気を良くした村井は、ついにアメリカのタバコメーカーと資本提携して、さらなるシェアの拡大を狙う。鮮やかな先制攻撃に成功したのだ。

●ネガティブキャンペーンで倍返し！

防戦を強いられた岩谷に、次の一手として、とんでもない奇策を考案する。次のような文言でライバルを激しく攻撃したのだ。

凄まじい宣伝合戦を繰り広げた村井吉兵衛（左）と岩谷松平（右）

外国産葉を原料とし、外国資本が入った製品が日本を席巻すれば国内の金貨が海外へ持ち出され、国益を害する。

日清戦争とともに育まれ、日露戦争で大きく成長していた「愛国心」を利用したのだ。岩谷はさらに追い打ちをかける。

「ヒーロー」を「不忠不孝なる舶来模造煙草」と罵り、一方で「天狗」と自身を「国益の親玉」「国益大明神」と称し、紙巻きタバコだけに、巻き返すことに成功。現代の企業が、同業他社をここまで露骨に罵倒するのは許されないだろう。

ネガティブキャンペーンの元祖とも言える「天狗」の反転攻勢。自陣営のイメージアップ作戦にも積極的だった。

「驚くなかれ　税金たったの五十万圓」と広告に打ち出して、稼ぎの割に儲けがないから法人税が安くなっちゃうんですよ、と庶民の味方ぶりを強調。時を経ると後段が「税金なんと三百万圓」に変わり、「いっぱい税金を納めて国に奉仕しています」とアピール。自ら考案するニックネームは「東洋煙草大王」にまでエスカレートした。

国民の味方だと強調する路線では、「慈善職工三萬人」というキャッチコピーも秀逸だ。つまり現在流に書けば「失業率対策に人件費がかさんで苦しいけど大勢雇っています。それがお国のためになります」ということだろう。「天狗」は勢いを強める一方で、「愛国天狗」や「国益天狗」、「御慶天狗」などラインアップがどんどん増えていく。

ヒートアップする一方の広告大戦争に「待った」をかけたのは、先述の政府による「専売制」導入。世界制覇を目論むアメリカのタバコ産業業界の野心を察して、日本政府が先手を打ったのだ。村井をはじめとするタバコ商たちが反対するなか、岩谷は「国益の親玉」のニックネームに違わず、政府の方針に賛同する。

タバコの自由販売戦争史に自ら終止符を打つ役回りを演じたのだった。

明治の逸話 其の7

【静岡茶に牛乳も！】

困窮した士族たちの「武士の商売」

●生き残りを賭けたお茶の栽培事業

武士の世が終わりを告げ、新しい世が始まりつつあった明治時代初期。丁髷《ちょんまげ》、刀だけではなく、階級そのものまで喪失してしまった武士たちは、武力に頼ることなく生活の糧を得なければならなかった。しかし、所詮は「武士の商売」。経済活動とはほとんど無縁だった彼らが、すんなり成功できるほど甘くはない。

凍死者や餓死者が続出し定着に至らなかった北海道開拓事業の一部が代表的だが、沿岸部の昔ながらの手法による製塩事業や、浪士による石油発掘事業など、多くの「武士の商売」は、成功とは言いがたい結果に終わった。

そうして食い扶持にも事欠くような困窮士族が全国にあふれるのだが、廃藩置県後の静岡県は特に、その数が多かった。全国一の石高を誇っていた徳川宗家は静岡に移封され、250万石ともいわれる領地が70万石と、実に3分の1程度に激減。

旧幕臣に対する待遇を維持できないのはもちろん、養う人数自体を削減せざるを得ない状況に陥った。リストラされた旧幕臣は新天地に赴いてはみたが、後ろ指を指されて迫害にあう者、様変わりした生活に馴染めない者などを中心に、続々と静岡県に再集合する。そこには旧幕臣として、徳川家と運命を共にする覚悟をした者もいれば、行き場がないから仕方なく出戻った者もいた。

どんな背景があるにせよ、明日の食い扶持を稼ぐ必要があるのは、皆一緒。そこで彼らの生活を守るため、藩主導の救済事業が展開されることになる。その中で、現在まで脈々と続く成果を挙げたものが、お茶の栽培事業だ。江戸時代から茶の産地として知られていた静岡県だったが、明治に入ると困窮士族たちを救済する手段として拡大されていく。

開墾を願い出た幕臣・山岡鉄舟

まだ幕府と薩長が戊辰戦争を戦っていた時代、上野戦争で散った彰義隊と同時期に、剣豪として知られる幕臣・山岡鉄舟らが結成した「精鋭隊」

静岡県・牧之原台地に広がる茶畑。徳川家家臣が開墾したものだ

という組織がある。

水戸に謹慎する慶喜の恭順路線に従った一団だが、「新番組」という名に改組してすぐに、静岡での窮乏生活を見越し、1869（明治2）年に静岡県にある牧之原《まきのはら》台地（当時は金谷原《かなやはら》と呼ばれていた）の開墾を願い出て、藩庁から許可されている。

隊の名前も開墾方に改め、山岡とともに結成時に隊頭を務めた中條金之助をはじめ、200人ほどが茶の栽培に挑戦することになった。翌年には彰義隊の生き残りの一部が合流し300戸ほどの開墾集団になっている。

もっとも、実際に開墾するのは武士たち。即席の農民による事業は遅々として進まなかった。最初に拝領した開墾用地は1425町。対して1878（明治11）年に開墾を終えていた土地はたったの211町。しかも開墾に従事する戸数は100戸近くも減ってしまった。

それでも、武士の帰農チャレンジとしては成功の部類で、牧之原台地は今も県下有数の産地として知られる。

背水の陣を敷いた旧幕臣たちが見せた意地と努力は、成果を見るまでに時間はかかったものの「武士の商売」として結実したのだ。

●牛乳を日本に広めたのも武士だった

他にも意外な「武士の商売」がある。

日本人は、今でこそ「牛乳を飲む」という行為に違和感を覚えないが、江戸時代までの日本は、世界でも稀有な「飲乳文化」を持たない地域だった。国内には家畜として牛もヤギもいたのに、日本人には「搾乳」という発想がなく、乳を飲むなんてことは想像すらできない〝蛮行〟であった。

初代アメリカ駐日総領事のタウンゼント・ハリスも早くから、「牛乳は栄養価が高く国民の健康増進に効果がある」と「飲乳」を推薦していたが、国民の間に広まったのは明治時代に入ってから。文明開化とともに肉食が解禁され、時を同じくして牛乳にも注目が集まったからだ。高い栄養価に注目した政府が、国策として「牛乳を飲もう」というキャンペーンを実施していくのだ。

しかし有史以来、なかった習慣が急に根付くはずもない。牛を飼育している農家たちが一斉に反発したのも大きかった。

農民たちにとって、牛は田畑を耕す貴重な働き手だ。「家族同然」という気持ちは強く、そんな大事な牛たちから、貴重な乳を搾り取るなど、とんでもないことだと思われたのだ。牛の乳は次代の牛、ひいては農業を育てる栄養源。だから人間が横取りして飲むなんてとんでもない、という理屈だ。

ここで登場するのが、生活に困窮する武士たち。農民の反発に手を焼いた政府は、士族授産の手法として、困窮する士族たちに「牧畜をしてはどうか」と勧めるのだ。

士族たちが新たに飼育を始めるのは、純粋な乳搾りのための牛であったり、肉牛として売り捌くために飼育されるもの。牛に対して農民たちのように深い感情を持っていないから、士族たちは政府が勧めるままに新事業に従事した。

そして武士たちの手によって牛乳が作られ、徐々にではあるが日本全国に、飲乳の習慣が広まっていくことになる。明治後期には流行スポットとして「ミルクホール」も続々と開業している。

武士たちが牧畜を始めた明治初期は、東京都心でも広大な酪農地がいくつもあった。現在ではビルが立ち並ぶ東京・麹町あたりも、当時は牛がモーモー鳴いている場所だったのだ。

また、苦学生のアルバイトとしての牛乳配達も、１８７７（明治10）年頃までには登場していたが、飲乳文化が定着する前とあって、当時の稼ぎは芳しくなかったようだ。

実は、今も残る牛乳の宅配システムは士族のアイディアが形になったもの。より確実に、より多くの顧客に届けるための知恵だったのだ。「武士の商売」といえどもなかなか侮れないではないか。

●明治初期の静岡県を覆っていたフロンティア精神

この士族たちによる牧畜は、お茶を軸に開墾事業を進めていた静岡県でも試みられた。後に麻布学園を創立する、旧幕臣の江原素六《えばらそろく》が中心人物だ。彼は新政府に数多くの人材を輩出した沼津兵学校の幹部。アメリカ視察の時に触れた西洋式の農業や牧畜を、実地に取り入れようと考えたのだ。

牧畜を推進した旧幕臣・江原素六

官林の払い下げなどを元手に愛鷹山《あしたかやま》を牧畜の地と定めると、1872（明治5）年秋から翌年春にかけ、洋牛6頭の飼育を開始した。なぜ洋牛かというと、和牛と洋牛では、牛乳の品質に大きな差があったからだ。江原は同時に洋羊も飼育し、バターやチーズ、羊毛などの生産にも着手した。

不運にも牧場に蔓延した疫病や大火事などで、スタート間もない1874（明治7）年に事業廃止の憂き目に遭うが、江原は実業家として、また地方行政官として以後も様々な西洋技術を使った地域振興策に携わっていく。

新たな時代を、新たな生活で——。

こう考えて努力したのは江原だけではない。駿東郡などの開墾地を管轄する行政区域の郡長や大区区長などの地方行政職は、旧幕臣がほぼ独占状態だった。今も、郷土史は新時代を必死に生き抜こうとした多くの静岡藩士たちの足跡を窺わせてくれる。

明治の逸話 其の8

【あの田中正造も！】

賄賂が贈り放題だった選挙戦

●身内同士で選び合うようなものだった

1890（明治23）年7月1日、日本初のアジアでも前例がない「制限選挙による投票」が実施された。第一回衆議院議員総選挙である。この国政選挙は板垣退助や大隈重信をはじめとする「民権派」たちの執念がようやく結実した日でもある。

「選挙」というと、現在では満18歳以上の日本人であれば誰でも投票できる権利を持つが、初期のそれはご存知のように、今とは大きく異なるシステムだった。まず有権者は全国で45万365人で、これは全人口の1・13パーセントにすぎない。

有権者になるためには満25歳以上、かつ一定以上の納税をしている必要があり、その額は直接国税（地租と所得税）で年額15円以上。一方の被選挙民、つまり立候補者の資格だが、こち

第一回衆議院議員総選挙で当選した面々。田中正造の名もある

らは満30歳以上かつ直接国税15円以上を選挙区に納付している者。そして官吏の一部は兼業が許されている一方で、神官や僧侶などの宗教者は立候補できず、現役の軍人は選挙権そのものを認められてはいなかった。

選ぶ側、選ばれる側どちらも似通ったフィルターを通して選別されていたわけで、巨額の所得税を納められるのは有力豪商などごく一部に限られていたから、有権者のほとんどは全国各地の大地主たちで、被選挙民リストもこれとほぼ重なっていた。

当時の地租は地価の2・5パーセントで、これを納税額15円に必要な土地の時価に換算すると６００円。面積にすると全国平均で1・86町歩の土地を持つ大地主たちが選挙の主役だった。要するに、大地主たちが自分たちの代表を選んで「衆議院」を作っていたのだ。

衆議院の議員定数は３００人。総人口で割ると、およそ12万人にひとりが選出される割合だった。選挙区は小選挙区制で全国２５７に振り分けられており、東京府は定員12名。ところが有権者は大地主、つまり都市部より農村部に偏っていたから、定員ひとりあたりの有権者数で見ると、東京は5715人なのに対して定数5の滋賀県は1万5456人もいた。

今でも「一票の格差」が選挙のたびに騒がれるが、当時はまるで比べ物にならない。おかげで、京都1区の最下位当選者の得票数は27だったのに、滋賀3区では3085票でも落選するという、格差があったのだ。

立候補の制度も現代とは別物である。居住地制限がないので、納税義務さえ果たしていれば、複数選挙区で同時に立候補できたのだ。だから同一人物が別の選挙区で同時当選という珍事も生まれた。

●現代ならアウトな選挙運動

選挙運動も今とは勝手が違う。前年に大日本帝国憲法が発布され、国中が中身も分からず熱狂した喧騒そのままに立候補した候補者が多かったから、彼らは自分なりの戦法で選挙を戦うことになった。中でも多かったのが、「演説とはなんぞや」というトホホな疑問。

例えば、犬養毅と同じ選挙区に立候補したある候補者は、演説がしたいが、それが何か分からない。そこで知人に頼み込み、密偵として犬養の演説会場に潜り込んでもらい、結果もたらされた情報で演説の何たるかを知った、という笑い話がある。

こんな話は序の口で、何より問題があったのは投票システムだった。

今では無記名投票が当たり前で、投票用紙を見ただけでは、どの有権者がどの候補者に投票したのかが、分からないようになっている。ところが当時は、投票用紙に住所と氏名を記入するのはもちろん、実印まで押さなければならなかった。そして封印した投票用紙を投函するのだが、これでは開票すれば投票者の個人情報が明らかになってしまう。

選挙戦はこのシステムのもと、ヒートアップしていくことになる。

つまり、脅迫や買収が横行したのだ。なにせ、候補者からすれば誰が自分に入れたかどうか、簡単に分かるのだから、有権者は約束を守ったかどうか検証されてしまうのだ。これほど脅迫・買収と相性が良いシステムはなかった。

今とは違って選挙に対する倫理観が確立されておらず、法規制も追いついていなかったから、露骨な選挙戦は熾烈を極めた。戸別訪問はしたい放題、宴席を設け有権者を饗応するなど当たり前。いわゆる〝実弾〟も飛び交った。

現代とは違い、選挙運動費用の上限や使い道にも決まりがなかったから、「金権選挙」が横行するのもしょうがないことだった……。

●あの田中正造も！

「田中正造」という名前を聞いたことがあるだろう。

歴史の教科書には必ず載っている「足尾銅山鉱毒事件」の折、窮状を訴え善処を哀願するため、明治天皇に直訴した気骨ある政治家だ。数少ない〝庶民の味方〟である。

当時は栃木県会議長だった田中も、第一回総選挙に地元の栃木県から立候補した。そして現代なら大問題となる金満選挙戦を大々的にやってのけたのである。

彼は当時のお金で３４８５円、米価比較によれば現在の２０００万円相当に及ぶ選挙資金を用意。

この「実弾」をさんざんばら撒いているのだ。

もっと有効で、全国的に広く行われた選挙運動は、連判帳を作成し支援者に記名捺印をしてもらう方法だ。出口調査よろしく投票前に自分の得票数がわかってしまう便利な方法で、法的な効力はないものの直筆の署名に加え、実印まで押してしまうから、そう簡単に約束を反故にできないという心理的な圧力が加わった。

田中正造ですら〝実弾〟に頼った

対立候補に対するネガティブキャンペーンも、現代とは比較にならない凄まじさ。

投票直前に「ライバル候補が犯罪を起こして逮捕された」というデマを流す者まで出た。された側も指をくわえて見ているわけにもいかず、大八車に急ぎ飛び乗り「健在なり！」と叫びながら選挙区を回り、体勢を立て直したとか。

こうした努力（？）が実って、第一回衆議院選挙の投票率は驚きの93・9パーセント！　これは未だに破られていない国政選挙での投票率トップ記録だ。

●それでも先輩たちは褒めてくれた

現代とはかけ離れたシステムのもと、戦われた選挙戦だったが、逆に大して変わっていないのでは？　と思わされる部分もある。第一回の総選挙は、先述したように気合が先走り、勢いで立候補した候補も多かった。となれば政策など二の次である。勇んで演説会を催したものの、聴衆からの質問に答えられなかったり、「みんなの幸せのため」などと耳触りがいいキャッチコピーを叫び続けるような候補者も多かった。

この光景、昨今の選挙風景と酷似してはいないだろうか……。

とはいえ、産声をあげたばかりの日本の議会政治を、「大先輩」イギリス人は高評価していた。来日していたメアリー・フレイザー公使夫人は、第一回総選挙について、

選挙期間中には不法行為もありましたし、賄賂のために無効になった選挙も、ひとつかふ

たつありました。しかし、そんなことは議院内閣制の当の発祥地であるイギリスにもかなりあることですから、日本で新しい制度を初めて施行した際にそのような不法があったからといって驚いてはなりません。

と書き残している。なんとも頼もしいお言葉である。国内の新聞も落選した候補にエールを送ることを忘れなかった。次点でも誇りに思え、それだけの有権者が投票してくれたことに感謝するべきだ、今後ますます国民として奮励努力してほしい、といった論調だった。

空回りと言うには、やや、やり過ぎた感もあったものの、近代国家へのステップを上がった日本。「はじめの一歩」の大切さを教えてくれる第一回総選挙であった。

明治の逸話 其の9

【もともとは本物のエリートだった】

明治の大学生たちの生態とは

●今も昔も変わらない？　学生生活

明治時代、地方から上京した学生たちは「書生」と呼ばれていた。ルームシェアで下宿の一部屋に住み、将来を語り合い、近所で牛鍋をつつきながら酒を飲む。人気の女義太夫の話題で盛り上がり、寄席で笑って、門限に遅れると街角で誘われるままに吉原へ。

神田を中心とする書生街を彩った「バンカラ風」とは、実のところ「夜這い」に勤しむ学生たちを称した言葉でもあった。日清戦争後には遊蕩に走る「堕落書生」も珍しくなくなり、実家からの仕送りを使い込まないよう、学資を保管する会社まで誕生している。

明治も半ばになるとすでに硬派・軟派の2流があり、前者は出世を夢見る肉体派が多く、後者に属する学生は春画に身悶えし、吉原あたりを闊歩。坪内逍遥《つぼうちしょうよう》は、軟派は「生意気に絹の着物を被たり、博多の帯を結たり、駒下駄をはいて」、硬派は「尻のあたりを赤くなった白地の単衣を被て、白木綿の屁子をまきつけ、腕まくりしたる」と外見の違いを書き記している。

そして軟派な学生の風紀を糺すために「意志薄弱なるがゆえに悪友の誘惑に陥るものが少なくないとの見地より」作られたのが角帽であり、これを提案したのが硬派学生のグループ。ある意味で「学生自治」は明治時代から行われていたのだ。

和装で写真に収まる東京大学の学生たち（提供：毎日新聞社）

一方で、世を儚んで煩悶する学生や生徒による自殺が多発したのも、この時代の特徴。

1903（明治36）年に一高生だった藤村操《ふじむらみさお》が日光・華厳の滝で投身自殺をしたのが発端で、世情不安からくる精神的な疲労や将来への不安、恋に溺れる自分への嫌気など、さまざまな理由で数多くの青年が命を絶とうとした。

煩悶する学生たちは「下駄の鼻緒はレザーとなり」「髪をわけてコスメチックをつけ」というようにオシャレに走るものが目立った。

堕落しきって学業を放棄した学生の一部は「ゆすり騙りや、または良家の子女を誘惑するようなことをしたり、いよいよ食えなくなると夜分路傍に立って流行俗歌を謳うとか、または露店でも出すようになる」し、実家が裕福なら「あるだけの財産を蕩尽」したという。

女子学生であれば「知己の学生の下宿を泊まり歩いて売淫」する者、「各種飲食店の女中酌婦という者のうちには、いわゆるハイカラと称する女学生あがりのものがたくさん」という具合だった。

日露戦争後になると「カスリの着物にハカマ、兵隊グツかホオ歯のゲタあるいは板草履で、頭にだけ角帽」という姿が東京帝大では多く見られた。借家に集まって「梁山泊《りょうざんぱく》」を称し、みんなで大酒をあおりながら天下を論じる。そんな集団も珍しくなかった。

こうして見ると、彼らは社会人へと至るモラトリアムを過ごす現代の大学生と、何ら変わらない精神性であったことが分かる。

●正規の大学が七つしかなかった

学生には似通ったところがあっても、大学の仕組みは現代と大きく異なっていた。

日本の近代教育制度は、1872（明治5）年に公布された「学制」がスタート地点だ。1879（明治12）年には学制が廃止されて「教育令」に。さらに1886（明治19）年は教育関係の法律などが一挙に整備されて、3月に「帝国大学令」公布、4月はじめに「小学校令」「中学校令」「師範学校令」が一度に公布された。その月末には「高等師範学校・高等中学校・商業学校の各官制」も公布された。このとき、東京大学予備門が第一高等中学校に改称されている。

明治時代の最高学府・東京帝国大学

こうして教育制度は着々と整備されるが、大学の定義付けは現在とは異なり、現在に続く大学のほとんどは、名称に「大学」がついていても当時は「専門学校」の扱いだった。今では大学の仲間入りをしている慶應義塾大学や早稲田大学にしても、名称はどうあれ厳密には「大学」ではなかったのだ。

なぜかというと政府は全国を7大学区に分け、その中に中学区、さらにその中に小学区を設置する方針だったから。だから正式に「大学」と名乗れる学校は最大でも全国で七つ、かつ国立でしか設置されないことになっていたのだ。

すでに幕末のころから、官費・私費を問わず欧米への留学生は多数、存在していたが、明治新政府が発足すると、政府として西洋の知識を吸収して国家の基盤となってくれる人材＝次世代を担うエリートは、いればいるほどありがたいものだった。

そこで積極的に海外留学を制度化していこうとするのだが、すでに学制発布に遡る2年前、岩倉具視が起草した「海外留学生規則案」には、興味深いガイドラインが明記されていた。例えば工学系はイギリス、法学系はフランス、理学系と社会科学系はドイツ、農学はアメリカ、といった具合に、この分野を学ぶならこの国へ、という方向性がハッキリと示されているのだ。

これは当時の政府が認識していた、それぞれの分野でもっとも先進的か日本が規範とするにふさわしい国がどこだったのかを表している。効率的な海外留学を、国策の一環としてリードしようとしていたのだ。

1881（明治14）年には東京大学で、日本人教授数が外国人教師数を上回った。この年に東京大学内の職制が改正されたときに生まれたのが「助教授」という職制。「教授の職掌を助く」と規定され、名称こそ「准教授」に変化しているが、今も当時とほとんど同じ形で残っている。

●天才が集う本物のエリート集団

もともと明治時代の高等教育機関は、国の次代を担う人材を育成する場所だ。国は各行政分野を主導する高度な専門知識を備えた、高級官僚を育成する場として大学を、最先端の軍事理論を身に付けた高級武官を育成するために士官学校を設立した。お金と時間、それに海難事故などのリスクを負って海外に留学させるより、国内で育成したほうが安上がりで手っ取り早い、そう考えたのである。

明治の文豪、夏目漱石（左）と森鷗外（右）。鷗外は軍人でもあった

中でも東京大学は、開学当初から「キャリア官僚育成機関」としての役割を背負わされていた。それは伊藤博文が起草した「文官候生規則案」などからも分かる。とにかく国家の柱石となる優秀な人材（公務員）をできるだけ多く輩出する。それが「大学」のほとんど唯一といえる存在意義だったのだ。

だから後になって堕落ぶりがクローズアップされるようになるものの、基本的には高等教育機関で学ぶ学生・生徒は、現在と比べると驚くほどの超エリート集団だ。

特に近代教育制度が整備されたばかりの明治初期はそれが顕著で、年齢を詐称し、2年早く医学校予科に入り、神童ぶりを買われてドイツに留学した森鷗外や、すでに起伏に富んだ人生を歩んでいながら国から英語研究のためにイギリス留学を命じられた夏目漱石などが好例だ。

「全入時代」と呼ばれる現在の高校や大学に比べてはるかに進学率が低かったのは、平均的な庶民にとっては月謝が高すぎるという経済的理由も大きかった。

大学生は、バイリンガルが求められ、学部によってはトリリンガルも必須だった。例えば医学部ならドイツ語、法学・理学・文学部は英語とフランス語というように。原文主義で、テキストは直輸入された海外論文だから、読み書きができないと授業についていけなかったのだ。

そのハイレベルぶりは、東京医学校で教鞭をとったドイツ人内科医、エルヴィン・ベルツが「講義はドイツ語でしますが、学生自身はよくドイツ語がわかるので、通訳は実際のところ単に助手の役目をするだけです」と故郷への手紙に書き残しているほどだ。

大学入学へのステップとなる高等中学校は現在の高等学校に近いが、平均以上程度の成績で尋常中学校を卒業したぐらいでは入学できなかった。

この時点で平凡な人間にとっては教育年度で3年遅れぐらいの学力差があったといわれ、今でいえば、中学3年生が東大などの難関大学を受験するぐらいの学力を入学時点で要求されたのが高等中学校だった。そうして選ばれた人たちが、さらに狭き門の大学に入るわけだから、字面通りの「高等教育機関」である。

1886（明治19）年に定められた帝国大学募集定員に対して、5年後でも4分の1近い欠員があったのは、平均的な家庭に生まれ育った子女では進学できないという、経済的な時代背景だけが理由ではないだろう。高等中学校進学のための予備校も、この時代にすでに生まれている。

意外に身近な面もあった明治の大学生の生態だが、やはり彼らのほとんどは国の将来を背負って立つことを宿命付けられた、正真正銘のエリートたちだったのである。

【第二章】命運をかけた日清・日露の大戦

明治の逸話 其の10

【戦国時代にタイムスリップ？】

体当たり戦術を検討した日本海軍

●圧倒的な敵との「体格差」

未だ中世の香りを残す帆船が現役だったものの、建艦技術の目覚ましい発展によって、日清戦争の頃には世界各国に近代的な艦隊が整備されつつあった。日本も遅ればせながら国産の軍艦を建造して、世界の一等国と肩を並べようと必死にもがいている時期だった。

しかし、短期間で充分な性能を備えた軍艦を揃えようとすると、どうしても外国に発注して輸入しなければならない。このジレンマは日本だけではなく、朝鮮半島を巡って日本と争うことになった隣国・大清帝国も同じであった。

当時の清国には、すでに「鎮遠《ちんえん》」「定遠《ていえん》」と名付けられたドイツ製の最新鋭軍艦を筆頭にした北洋艦隊があった。海軍力を誇示する目的で日本へも回航している。

この「親善渡航」とは名ばかりの威嚇は、日本海軍に効果てきめん。最新鋭の巨大な軍艦を目の当たりにして、現場は驚愕してしまったという。日本の反応に清国は、アヘン戦争以来、失いつつあった国としての誇りを取り戻し、対日開戦への自信を深めた。

その場で息を呑んだひとりが、日清戦争で旧式装甲艦「比叡」に乗り込むことになる櫻井《さくらい》規《き》矩之左右《くのぞう》大佐。

創設間もない大日本帝国艦隊の前に立ちはだかった戦艦「鎮遠」

この「比叡」はイギリス製で、最大速力は13ノット、常備排水量は２２５０トン。

船体は、骨組みこそ鉄骨だが、外装は木製だった。外見上は「コルベット」と呼ばれる3本マストの帆船だが、石炭を燃料に使う蒸気機関も備えられている。１８７８（明治11）年に日本に回航されたのだが、発注当時は苦しい財源をやりくりしながらついに入手した待望の大型新式軍艦でも、日清戦争前にはすでに旧式艦に成り下がっていた。

対する清国自慢の「定遠」「鎮遠」は「定遠級」として発注された姉妹艦であり、「東洋一の堅艦」と喧伝された甲鉄砲塔艦である。

最大速力が前者14・5ノットで後者が15・4ノット、常備排水量が約7200トン。「比叡」と比べて速力に大きな差はないものの、大きさでは3倍もあったわけだ。

清国に回航されたのは1885（明治18）年。マストは付いているが、これは帆走用ではなく、見張り台や機関砲が備え付けられた「ミリタリーマスト」である。喫水線に沿って甲鉄も張られていたから、旧式艦より格段に防御力が向上していた。

武装についても「比叡」の主砲は、イギリスが採用している、砲弾と弾薬を砲口から入れる前装式だったのに対し、「定遠」「鎮遠」はドイツが採用している、砲身の後ろから込める後装式だったので、使い勝手は「定遠」「鎮遠」に分があった。

最新鋭の巨大な軍艦が轡《くつわ》を並べる北洋艦隊。当時は、後に連合艦隊の初代旗艦となる「松島」はじめ「厳島」「橋立」などの強力巡洋艦が竣工する前だったから、大きな格の違いを見せつけられた櫻井大佐は「砲撃戦になったら勝てない！」とショックを受けたのだ。

●体当たり戦法しかない！

それでも戦争になったら、どうにかして勝利する戦法を編み出さなければならない。

北洋艦隊の主力は「定遠」「鎮遠」。どちらかでも戦闘不能にできれば——。そこで櫻井は、前時代的な戦法を夢想し始める。当時、彼は船に外付けの水雷を取り付ける「水雷艇」の研究を進めていた。船首に長い棒を取り付けて、その先に水雷を設置、船首から真っ直ぐ突進して、敵艦に大穴を開けようという作戦に使う「外装水雷艇」だ。デザイン的には船の舳先に、巨大なロケット花火が付いているようなイメージである。

当時は水中を進む「魚形水雷（魚雷）」の実用化がスタートしたばかり。もちろん航空機はないし、時限爆弾もないから、砲撃以外に敵艦に爆弾をぶつける確実な攻撃は、これぐらいしかなかったのだ。馬鹿馬鹿しいと感じる読者もいるかもしれないが、当時は世界各国で研究されていた兵器である。

一か八かの捨て身の「体当たり」作戦は、後世の「特攻」に通じるものを感じる。しかし実力差が歴然としている以上、旧式艦で「定遠」「鎮遠」を戦闘不能にする方法はこれしかない、と櫻井は本気で考えていた。

当時の海戦は、新式の戦艦と昔ながらの帆船が混然一体となって戦うもので、戦法も明確に確立されておらず、大艦巨砲主義に至る過渡期であった。

中世の香りは船体構造にも残されており、最新鋭の軍艦で

コルベット艦「比叡」

黄海海戦を描いた錦絵

すら、体当たりして敵艦の船腹に孔を開けるための「衝角《しょうかく》」が取り付けられていた。原則的に使用は想定していないものの、黄海海戦における「定遠」「鎮遠」は敵陣に突入して日本海軍を蹴散らそうとしたことがあった。

逆に砲撃に対する信頼感は薄く、最新鋭の軍艦の装甲に対しては迷信じみた信頼感が置かれていた。最新鋭の装甲をまとった大型軍艦は、砲弾をいくら命中させても沈まない、と考えられていたのだ。

だから、砲撃を命中させるのは敵船を沈没させるためではなく、船体の一部を破壊して戦闘能力を奪ったり、航行不能にして戦線を離脱させることが目的だった。

日清戦争後に流行した軍歌『勇敢なる水兵』には、瀕死の重傷を負った連合艦隊旗艦「松島」の三浦虎次郎水兵が「まだ沈まずや定遠は（定遠はまだ沈まないのですか）」と副長に尋ね、彼が「戦い難く成し果てき（もう戦えなくなったぞ）」と応じる場面が出てくる。

当時の戦闘の目的を明らかにしていると言えるだろう。だから櫻井の思考も、丸っきり馬鹿げたものと断ずることはできない。その証拠に、清国側も小型の甲鉄砲塔艦で同じ戦法を使おうとしていたのだ。

清国は「来遠」を、同じく「比叡」にぶつけようと目論んでいた。ただし「来遠」のそれは「定遠」「鎮遠」と同じく「体格差」を用いた衝角による肉弾戦法。「来遠」は排水量2900トンほどで、同僚の「定遠」「鎮遠」に比べればはるかに小さいものの、「比叡」と比べれば3割増しぐらいの大きさはあった。だから、両者の戦法が実現していれば、敵艦に突撃した「比叡」が横合いから「来遠」に突っ込まれる、という地獄絵図が展開していたことになる。

●「比叡」の秘策の行方は？

しかし、現実には双方とも幻の戦法に終わる。

日清両国の主力艦隊が激突した黄海海戦において、本隊の4番手として航行していた「比叡」。敵船団を発見すると、実際にこの戦法を試みようとした。しかし、哀しいことに「比叡」は足が遅い。だんだんと先を行く仲間と距離が出始めた。

そこへ「定遠」「来遠」が体当たりしようと向かってくる。間をすり抜けようとする「比叡」

は「来遠」と400メートルくらいまで急接近。「来遠」が放った魚雷は命中しなかったものの、集中砲火を浴びた「比叡」は逃げるのがやっとで、「定遠」に近づくことができない。

自艦より5割増しで大きいコルベット艦「扶桑」の後ろに何とか辿り着いたが、マストは折れ、甲板は破壊され、19人の死者を出す悲惨な状態で、乱戦の中で舵が壊れて操舵不能となり、やむなく戦線を離脱した。一方の「来遠」も標的がいなくなり、それ以上の追尾はせず「体当たり戦法」は封印した。

黄海海戦は日本の勝利に終わり、沈没を免れた「定遠」「鎮遠」だったが、続く威海衛《いかいえい》海戦で「定遠」は自沈。「鎮遠」は鹵獲《ろかく》されて日本海軍の所有するところとなる。次項では、「体当たり」なしに、連合艦隊がいかにして北洋艦隊を壊滅させたかを解説しようと思う。

明治の逸話 其の11

【乱打戦に持ち込み快勝！】

回転力で圧倒した黄海海戦

●スピードで対抗せよ！

最も有名な日本の軍艦といえば、「戦艦大和」だろう。太平洋戦争下において日本の秘密兵器として温存され続け、なかなか出番を得ないまま戦局が悪化。洋上特攻に駆り出されて非業の最期を遂げた、ドラマチックな艦歴の持ち主である。

その「大和」に象徴される、同艦建造当時の日本の海軍力に対する認識が「大艦巨砲主義」。より大きな軍艦に、より長大な射程距離を誇る、より大きな砲塔を装備して、敵の射程距離外から撃沈してしまおうという発想だ。それを裏付けるように、同艦の主砲は世界最大の46センチ砲だ。航空機を運用した機動戦こそが勝敗を左右する時代になっていたにもかかわらず、巨砲主義に固執し続けたことは、太平洋戦争の敗因のひとつになったとされる。

黄海海戦の様子を描いた錦絵。敵船を無力化するために打ち続けた

それはさておき、日清戦争当時の日本は、半世紀後とは違い、清国と比べても圧倒的に貧弱な艦砲しか持ち合わせていなかった。前項でも説明したが、相手は〝東洋一〟の呼び声高い巨艦「定遠」「鎮遠」を擁するのに対し、日本は武装で劣る巡洋艦群で対抗しなければならなかったのだ。

そこで日本海軍が辿り着いた答えは、「自分たちも敵に負けない艦砲を持つ」ことではなく、「大きさで負けるなら数で圧倒してしまえ」だった。巨大な砲弾一発で、一撃のもとに敵を粉砕するのではなく「数撃ちゃ当たる」の論理で、とにかく砲弾の雨を敵に降らせようという発想だ。そこで小型で良いから、よりたくさんの艦砲を揃えることに邁進《まいしん》した。

●柔よく剛を制す

日清両国の海軍の中核部隊が激突した「黄海海戦」。この戦いを制すれば、日本は日本海の制海権を得ることになり、日清戦争勝利への道筋が見えてくる。

参加した両国の艦船戦力を見ると、日本軍首脳部の考えが徹底されていたことが分かる。搭載された艦砲を比較してみると、通常砲の数では日本40門に対して、清が70門と、敵が2倍近く多かった。これだけ見れば彼我の戦力差は一目瞭然だ。

敵より小さい艦砲しか持たないのであれば、敵より短い射程距離を持つことになり、そうなると敵の砲撃を掻い潜って自分たちの射程距離範囲内まで肉薄しなければならない。そのために必要なのは、敵の砲弾を回避するための操船技術と速度、そして砲弾の雨に動じない強固な精神力だ。

一方で、速射砲の数では日本190門に対し、清70門と日本が3倍近く多く保有していた。この点に日本海軍の戦術思想が集約されている。いったん肉薄してしまえば、一定時間あたりの発射弾数の多さで、敵を大混乱に陥れることも可能だ。

また、艦隊速力は通常、一番足が遅い艦艇に合わせて決まるが、これも日本10ノットに対して清は7ノット。当時としては足が速い軍艦を日本は清に先んじて揃えていたのだ。

無論、大型艦艇よりも小型艦艇のほうが速力は上だから、日本は小型艦艇だらけの艦隊しか編成できなかったという意味にもなるのだが、とにかく一発の重みよりスピードで相手を撹乱

連合艦隊初代旗艦・松島。たびたび事故に巻き込まれる不運の船だ

する作戦なのだから、問題はなかった。

陣形も艦船を横に並べて進撃する「横陣」ではなく、一直線に並んで敵に向かっていく「単縦陣」を採用した。艦隊の速力さえあれば、素早く射程範囲に肉薄し、真横の敵に斉射をかけることができる形である。しかし、敵に横っ腹を見せながら攻撃するため、先に敵艦船を無力化しなければ衝角の餌食になるリスクもはらんでいた。

一致結束した艦隊運動と、艦砲射撃の精度。虎の子の連合艦隊を使っての大博打の勝率を高めるため、日本海軍はひたすら演習を繰り返した。敵の北洋艦隊は替えがきかない中核部隊だが、それはこちらとて同じこと。「背水の陣」で訓練に臨むにあたっては、何事にも真面目な、日本国民の持ち味が活かされたことだろう。作戦通りに事が進んだとしても、薄氷を踏むような戦術であった。

●ノーガードの乱打戦

1894（明治27）年9月17日、ついに戦いの火蓋が切られた。いよいよ演習の成果を出す時が来たわけだが、ここで思わぬミスが。

第一遊撃隊と連合艦隊本隊が縦一直線に敵に向かう中、司令長官・伊東祐亨《すけゆき》は、先を進む第一遊撃隊に、信号旗で「右舷側に見える敵を砲撃せよ」と指示を出した。

ところが信号旗を受けた第一遊撃隊の坪井航三は、「敵主力の右翼にいる艦を攻撃せよ」という意味に解釈し、作戦遂行のために進路を変更する。

一糸乱れぬ艦隊運動で、横一列に並ぶ敵艦隊右翼に、素早く回り込む第一遊撃隊。後に観戦武官として参戦したアメリカ海軍の少佐に「終始整然と単縦陣を守り、快速を利して有利なる形において攻撃を反復した」と絶賛される動きであった。

この動きを見て、連合艦隊本隊も仕方なく後を追う。

清国北洋艦隊は、右翼に回り込もうとする日本艦隊に砲撃を加えつつ衝角攻撃を試みるも、艦隊運動に付いていけない。

そうこうしているうちに、回り込んだ第一遊撃隊と、遅れて続いた連合艦隊本隊の十字射撃を浴びた最右翼の「楊威」「超勇」という主力2艦が炎上、離脱。

その後は北洋艦隊の別働隊が参戦するなど、乱戦の様相を呈し、第一遊撃隊・連合艦隊本隊

日本の海戦勝利を伝える錦絵。手前の軍艦は日本の「吉野」

共に旗艦が被弾するなど日本側にも被害が発生。

　前項で登場した櫻井規矩之左右の「比叡」や、次項で紹介することになる、軍令部長・樺山資紀が乗る連絡船「西京丸」とそれを守ろうとする「赤城」などが、猛攻撃を受け沈没寸前となるも、衝角攻撃に走りがちな清国の攻撃を各艦がすんでのところでかわし切る。

　やがて、再び連合艦隊本隊と第一遊撃隊で敵艦隊を挟撃することに成功し、「定遠」「鎮遠」以下、主力艦に猛烈な十字射撃を敢行した。これで「定遠」「鎮遠」だけではなく、「致遠」「靖遠」でも火災が発生、ついに北洋艦隊は大混乱を引き起こす。戦場を放棄して勝手に帰投する艦まで現れ、ここに黄海海戦は日本の勝利で幕を閉じた。

　終わってみれば、日本は予想外の戦果を挙げていた。被弾数の違いが、全てを物語っている。

　清の主力「定遠」は159発、「鎮遠」も220発と3ケタに達する被弾。これだけ食らえば、いかに〝東洋一〟

と謳われた新鋭艦でも艦上施設は使い物にならず、砲戦の継続は不可能である。しかも、両艦を含めて清の艦隊には「3ケタ被弾」した艦艇が少なくとも4艦あった。

訓練の成果は、見事に実っていたのだ。

その清に対して、日本でもっとも多く被弾した数は、「赤城」の30発にとどまっている。沈没こそ免れたものの、船体各所に甚大なダメージを受けた「定遠」「鎮遠」は、ほうほうの体で戦線を離脱、自国の安全圏内へ逃げ帰ることになる。大将が戦えなくなれば、以下に続く艦艇も同じだ。そして清国自慢の「定遠」「鎮遠」は、ダメージが回復できないまま、続く「威海衛海戦」でも一方的に〝殴られて〟しまうことになるのだ。

明治の逸話 其の12

【快勝の裏の大事件】

最前線に飛び出した軍令部長

●新聞記者は情報が欲しかった

これまでに述べたように、日清戦争は日本の存亡がかかった戦争だった。欧米列強がアジア各国を植民地化していた中で日本が清国と戦うということは、負けたが最後、母国が彼らの草刈り場になることを覚悟しなければならなかった。

また、日本が本格的な対外戦争を戦うのは、豊臣秀吉の「文禄・慶長の役」以来、実に3世紀ぶり。しかも相手は〝眠れる獅子〟と言われ、数千年の長きにわたって〝アジアチャンピオン〟に君臨している中国の王朝である。

当然、国民の関心は高く、何とかして戦地の情報を得ようとした。当時はインターネットもテレビもラジオもないから、情報源といえば新聞報道のみ。従軍記者たちの現地情報も重要だが、それだけでは戦争の全体像が報道できない。記者たちは読者獲得のチャンスとばかりに、特ダネを求めて情報を握る軍部に殺到するのだった。

日本海を渡った先が戦場なのだから、制海権が最重要課題——となれば向かう先は海軍ということになる。海軍は大まかに言えば、三つの組織から成り立つ。一つは、内閣に所属する海軍省。海軍大臣をトップとして、人事など軍政を取り扱う。もう一つは、「統帥権」を持つ天皇に直属する軍令部。戦略を立案する最高意思決定機関であり、海軍を生かすも殺すも、この組織にかかっていた。最後に、連合艦隊などの実働部隊だ。

記者たちはどこに向かうか？　当然、軍令部である。トップは清への宣戦布告の2週間前に就任したばかりの樺山資紀《かばやますけのり》だ。薩英戦争、戊辰戦争、台湾出兵、西南戦争とあらゆる戦争にフル出場した叩き上げの薩摩隼人であり、白洲正子《しらすまさこ》の祖父にあたる。

日清・日露戦争で要職にあった樺山資紀

毎日毎日、樺山のもとに参上する新聞記者たち。作戦の中身を一番承知しているのだから、当然である。彼らの相手も仕事のうちとはいえ、亘日の取材攻勢に彼は参ってしまった。

答えられることなど限りがあるし、どう見ても弁が

西京丸。響きは強そうだが、見ての通りただの連絡船

立つタイプではない。

●軍令部長、戦地に立つ！

経歴を見れば分かるように、樺山は幕末の動乱期から一貫して戦場にあり、熊本鎮台参謀長を務めたことはあったが、デスクワークより現場が似合う人物である。

その彼が記者から逃れようと思いついたのが「諸君に詳しい戦況を報告できるよう、前線を視察してくる」というもの。その場しのぎの思いつきだったが、記者たちを納得させるには充分な理由だった。樺山は軍令部に詰める幕僚を誘うと、仮装巡洋艦「西京丸《さいきょうまる》」に乗り込んでしまった。

樺山にとって運が良かったのか、悪かったのか「西京丸」は日清両国海軍の一大決戦、黄海海戦に出向く予定であった。軍令部長を乗せたまま出港した船は、そのまま一路戦場へ。

海軍の最高責任者のひとりである樺山が、防御能力など

軍令部長を守らんと敵艦に向けて発砲する士官を描いた錦絵

皆無の輸送船に乗り込んで海戦に参加するなど、当然作戦シナリオにはないことだった。

とはいえ、本人が督戦という名目で出張っている以上、階級が下の連合艦隊の面々は口出しすることができない。連合艦隊が敵艦を発見すると、「西京丸」はお守り代わりの砲艦「赤城」とともに、砲撃の矢面に立たない、第一遊撃隊の左舷側を航行することになる。

しかし、第一遊撃隊と連合艦隊本隊で、北洋艦隊の右翼2隻を無力化したあたりから、雲行きがおかしくなる。敵味方の陣形が崩れ始めたことで、戦場が乱戦の様相を呈したのだ。

●奮戦、西京丸

「西京丸」は弾雨の中をウコウロ。被弾、即致命傷になりかねない装甲の船で、海軍の最高幹部が目的もなく戦場を航行しているのだから、とんでもない話である。「西京丸」

の乗組員たちは生きた心地がしなかっただろうし、お守りのように付き添う「赤城」とて、それは同じだっただろう。

やがて、僚艦が北洋艦隊の衝角攻撃をかわすうち、「西京丸」と「赤城」が敵艦隊の正面に出てしまう。「赤城」の坂元八郎太艦長は樺山を守るべく盾となるが、集中攻撃を受け艦橋に被弾、艦長は戦死してしまう。

後を承けた佐藤鉄太郎航海長は「来遠」と渡り合い危機を脱する。坂元艦長のおかげで助かった「西京丸」だったが、ついに被弾する。

北洋艦隊は、輸送船に敵の親玉が乗っていることは知らなかったが、「平遠」「広丙」「福龍」などがとどめを刺さんと接近してくる。「福龍」は「西京丸」に新兵器である魚雷を3本発射。何としても沈むわけにはいかない「西京丸」は2本をかわし、1本は船底をすり抜けた。目の前に敵艦が迫る中、お互いがぶつかりそうになるほど接近した「西京丸」と清の軍艦。

珍事には珍事が重なるもので、ここで勇躍、甲板舷側に躍り出た分隊長がいた。彼は携行する拳銃でもって、敵艦に銃撃を加えたのだ。「軍令部長を守らねば！」の一心だったのだろう。

また被弾の影響で主砲（といっても速射砲だが）を撃てる乗組員が不足してしまうと、なんと普段は軍令部で作戦立案をしている参謀たちが砲座に着いて即席の砲撃手を務めたのである。しかし、日頃から訓練を積んでいるわけでもなく、海で波もあるところであれば余計に照準を合わせたりすることが難しさを増している状況。そんな簡単に事が運ぶはずもなく、「西京丸」の戦果として残された数字は、「命中弾ゼロ」。敵艦とあまりにも接近し過ぎての砲撃戦だったが、それでも撃ち出される砲弾が敵艦に当たることはなかった。

海戦に勝利できたから良かったものの、一敗地にまみれていたら、猛批判を浴びたことだろう。『坂の上の雲』の主人公で、日露戦争時の連合艦隊参謀を務めた秋山真之は、友人の山屋《やまや》他人《たにん》へ向けた手紙の中で、「西京丸」の行動を批判している。

その結果は、直ちに「西京」の随意乱行、および「赤城」の孤立苦戦となり、この海戦に光彩を添えたるも、戦術上よりみるときは失態たるを免れず。

明治の逸話　其の13

【まるで大物の見本市】

日清戦争従軍記者の凄い顔ぶれ

●戦争で部数を拡大した新聞社

日本人の「新聞離れ」が叫ばれるようになって久しい。インターネットなど、以前と比べてニュースソースを手にする手段が豊富になってしまったことで、業界を支え続けた、世界でも珍しい新聞戸別宅配への依存度は減少するばかりだ。

日本に新聞が誕生したのは、幕府の統制が緩み、自由に天下国家を論じる隙が生じた幕末期である。そして「言論の自由」の炎は明治に入ると一気に全国に拡大、旧幕臣を中心とする新時代の知識人が新政府の失政を槍玉に挙げたり、文明開化を論じるツールとして多くの新聞が創刊されたのだ。

新聞業界が急速に発展したことで、当然起こったのが部数の拡大競争だ。現在のように市場が飽和状態になっていないから、いかに読者の興味を引き、スクープを打ち、ライバル紙から顧客をむしり取るか――仁義なき戦いが繰り広げられたのだ。

●優秀な従軍記者を派遣せよ！

戦場にあって戦況をリポートする記者たち。さすがにこれは誇張か

彼らにとってチャンスとなったのが、1894（明治27）年に勃発した日清戦争である。何と言っても最大の国民的関心事だから、鮮度の高い現地情報を得て、読者の拡大に繋げようと必死だった。そこで重要になるのが、戦地に派遣する従軍記者である。

といっても、日本にとって初めての大規模な対外戦争である。どのような人材を、どのような形で派遣すれば良いのか、誰も分からず試行錯誤するしかなかった。

まず考えたのは、現場の指揮官クラスに伝手やコネクションがある記者。指揮官に張り付けば、前線の様子について情報が得られるからだ。

しかし、そのような人材は数に限りがある。そこで多くの新聞社が思いついたのは、「その道のプロ」を派遣して、臨場感たっぷりの戦場レポートを得ようという奇策。

具体的には、現在では考えられないことだが、「小説家」や「画家」を戦場に送り込もうというのだ。確かに小説家であれば、巧みな文章力で砲煙弾雨が吹き荒れる戦いを紙面で再現してくれるだろう。写真が普及する前の時代だから、画家が戦場を描いた絵を掲載すれば、読者の視覚に訴えることができる。

とはいえ、いくら新聞社が派遣したいと考えても、本人たちにその気が無ければしょうがない。ところが、これも今では考えられないことだが、明治の小説家・画家・知識人たちは、自ら危険な戦場に身を投じ、現実を耳目で確かめたいという血気盛んな者ばかりであった。新聞社との縁があったりすれば、自ら進んで「従軍記者」を志願するようなケースもあった。

そういった事情から「小説家レポーター」や戦場カメラマン代わりの「戦場画家」が大挙して戦場に向かうことになる。その中には、今も教科書に載っていたりする各界の「大物」が、ズラリと顔を並べている。

●多士済々の「従軍記者」たち

まずは文筆業から、日清戦争より少し前に新聞業界入りしていた岡本綺堂《きどう》。

第一次世界大戦直前まで記者生活を続けながら戯曲や小説を執筆した人物である。テレビ時代劇になった『半七捕物帳《はんしちとりものちょう》』が有名だ。もともとは劇作家を志望していたから、ドラマチックに戦場を描写するにはうってつけの人材だったといえる。

従軍記者として日清戦争に従軍した国木田独歩（左）と正岡子規（右）

続いては国木田独歩《くにきだどっぽ》。国文学に興味がない人でも、国語の授業で名前だけは聞いたことがあるだろう。小説家として有名だが、実は文筆家としての出発点は新聞記者だったのだ。彼は、徳富蘇峰《とくとみそほう》が主宰する「國民新聞」から派遣された海軍付きの従軍記者として、弟への手紙、というスタイルでルポルタージュを発表した。

小説家に限らず、言葉を生業にしていれば何でもありだったようで、俳人の正岡子規も記者として送り込まれている。新聞「日本」の記者として俳句の革新運動に身を捧げていたが、開戦から8カ月ほど経過した１８９５（明治28）年4月、近衛師団付きの従軍記者として中国大陸へ向かった。

しかし間が良くなかったようで、遼東半島に辿り着いた2日後には、下関条約が調印され「戦場記者」としての活動はできなかった。

おまけに帰国途上の船内で喀血、以後死ぬまで結核に悩まされたのだから、人生を変えてしまった渡航といえる。

●あの「近代洋画の父」も！

次に戦場画家を見てみよう。日本ではなく、フランスの新聞社から派遣されていたのが、あの黒田清輝《くろだせいき》。後に貴族院議員まで務めることになる、日本洋画界の超大物だ。日清戦争の開戦前年まで、10年間フランスに留学しており、重要文化財に指定されている『舞妓《まいこ》』を帰国してすぐ描き上げていた。日清戦争後に「三国干渉」の当事国となるフランスは、租借地の問題など、利害関係にある清国への関心が非常に高かった。

しかしフランスからすれば遠く離れた極東の地。その点、日本に帰国したばかりでフランス語を解する黒田は好都合だったのだ。

西洋画を学ぶ一方で「新聞画家」としてのキャリアも積んでいたのが浅井忠《あさいちゅう》。開戦以前に画家修業のために中国を訪れたことがあり、当然のように「戦場画家」として現地に送り込まれた。西洋画家だけではなく日本画家も戦場入りしていて、久保田米僊《べいせん》・金僊《きんせん》は親子揃って臨時の「戦場画家」に。

他の職業も多士済々だ。後に『シャーロック・ホームズ』シリーズの翻訳家になる水田栄雄《ひでお》や地理学者の吉田東伍《とうご》。書道家の中村不折もいれば漢学者の西村天囚《てんしゅう》もいた。

後に政治家に転身した者も多く、日銀総裁・貴族院議員を務めた深井英五や、貴族院議員から電通を創立した光永星郎《みつながほしお》、変わったところでは現職の衆議院議員であるにもかかわらず渡海した肥塚龍《こいづかりゅう》などがいる。

文筆や絵画の才能があって派遣されているわけだから、後に名を成す人々が多いのは当然だ。しかしここまで大物が揃っているということは、戦場をその目で見てやろうという心意気、そして命のやりとりが行われている現場を見た経験が、彼らの後半生に好影響を与えたのかもしれない。

明治の逸話 其の14

【英米対独仏の構図があった！】

「代理戦争」としての日露戦争

●ロシアとの確執も一片のピースにすぎない

アジア唯一の近代国家として、大きく羽ばたこうとしていた時、日清戦争後の「三国干渉」によって、中国大陸の権益の一部を手放さざるを得なかった日本。次の脅威がロシアだとはっきりしたことによって「臥薪嘗胆《がしんしょうたん》」を合言葉に、国中が一致団結した。こうしてみると単純な構図だが、世界に目を広げてみると、日露の争いすら一片のピースに過ぎないことが分かる。

当時、世界の「五大国」と言えば、世界の海を制するイギリスを筆頭に、ヨーロッパの中心にあって伝統を誇るフランス、国家の統一・改革を素早く成し遂げたドイツ、長期間にわたって各国の皇帝を輩出してきた名門ハプスブルク家のお膝元・オーストリア、そしてヨーロッパ東方からシベリアを経由しアジアまで広大な領土を誇る帝政ロシアの五つだった。

そのロシアは、国内のロマノフ王朝への反発が日を追うごとに大きくなっていた。

ウラジミール・レーニンなどの革命家は、祖国の敗戦を引き金として、その原因を作った王政を倒そうと国民に訴える「敗戦主義」という戦略のもと、暗躍していた。皇帝はというと、国内の不満のはけ口を外に求める手段として〝猿〟と軽視する日本との戦いを望んだ。為政者・革命勢力の双方が「日露開戦」を欲しながら、求めている結果は正反対という同床異夢の状態だった。

19世紀のロシア帝国を巨大な蛸に見立てた風刺画

●ロシアを抑えたいイギリス

そのロシアに、東から圧迫されていたのがドイツだ。その脅威を取り除くため、皇帝ヴィルヘルム2世は、従兄弟にあたるロシア皇帝ニコライ2世に、「対日開戦」をそそのかしていた。日本国民の「臥薪嘗胆」の原因になった「三国干渉」によるロシアの遼東半島租借にしても、ロシアに勧めていたのは彼だったのだ。

ロシアにとっても、1870（明治3）年の普仏戦争でフランスを破ったドイツの躍進ぶりは脅威であった。

それは当時の世界の盟主たるイギリスにとっても同じであり、ドイツにロシア、そして長年のライバル・フランスが日清戦争後に、火事場泥棒の如く中国の権益をかすめ取っていったことに、強い不快感を覚えていた。しかし、不用意に艦隊を動かせば、ヨーロッパの防備が手薄になるというジレンマを抱えていた。

現在の感覚からすると、ここにアメリカの名前が出てこないのが不思議である。

当時のアメリカはアジア市場に出遅れており、「門戸開放」を旗印に中国・満州に権益基盤を構築しようと必死だった。その点ではイギリスと同じく、満州を狙うロシアに警戒感を強めていた。しかし米西戦争や、フィリピンで起きた独立運動への対処に大わらわであり、太平洋を挟んだアジアに実力を行使するような余裕は、持ち合わせていなかったのだ。

●お金は出すけど、血は流しません

ここまでの解説で、世界を股にかけた「椅子取りゲーム」の登場人物たちが頭に入ったはずだ。各国の思惑が入り乱れるなか、いよいよ日露戦争が勃発することになるのだが、言うまでもなく戦争には莫大な資源・資金が必要だ。

「世界初の近代戦争」とも言われる日露戦争では、そうしたコストが今までの戦争とは比べ物にならないほど、かさむことになる。とはいえ、日本もロシアも自国で調達し切れそうにないことは理解していた。となれば、頼るべきは「外国資本」。それを得るためには国債（国の借金）を外国に買ってもらう必要があった。

ちなみに「二等国」日本と「一等国」ロシアは、国際社会での格付けにこそ差があったものの、共通点もあった。それは、どちらも工業後進国であり、兵器を輸入に頼っている後発の帝国主義国家だということ。両国とも、自前の技術・工業力、経済力を超えたところで戦争をしなければならない立場だったのだ。

新聞の風刺画。英の手引で列強のテーブルに「新人」として登場

その「お家事情」と、さきほどの国際社会情勢が絡み合うことになる。

日露戦争の結果が、各国のアジアでの利権獲得競争に大きな影響を与えるため、双方にスポンサードしようという「第三国」が登場することになる。それらの国としては、自分たちが応援する国に負けてもらっては困るから最大限の援助を惜しまなかった。

前述した外債の動きを見ると分かり易い。面従腹背ではあったが、形だけは同盟国としてロシアを支援するドイツ。

「三国干渉」仲間のフランスがこれに加わる。この2国がロシアの外債を購入した〝得意先〟だ。

一方で、日露戦争に先んじて「日本をアジアの防波堤に」と目論み、日英同盟を結んでいたイギリスは、当然のように日本を支援した。

イギリスと友好関係にあり、同じく三国干渉を快く思っていなかったアメリカも、これに加担した。だから両国の主な外債調達の場は、日本はロンドン・ニューヨーク、ロシアはパリ・ベルリンだったのである。

●露艦隊の行く手を阻む大英帝国の威光

日本を「防波堤」として体よく利用したイギリスだったが、さすがは天下の大英帝国、粋なアシストをしてくれた。戦争中、ロシアが旅順の救援のために差し向けたバルチック艦隊は、主力艦がスエズ運河を航行できないため、アフリカの喜望峰を回り、インドを経由してはるばる極東に向かった。

しかし、運が悪いことに、点々と存在する寄港地の多くがイギリスの植民地。バルチック艦隊はそこで公然、あるいは隠然と嫌がらせを受け続けた。例えば、日本がイギリス産の良質で煙が色づかないカーディフ炭を使用していたのに対して、ロシアは黒煙を吹き上げるドイツ産の石炭を使っていた。煙を吹き上げるので、簡単に索敵網に引っかかってしまう。

補給がままならないおかげで、補給艦も同行させざるを得ず、その足の遅さに引きずられ艦隊の速度は低下。さらに新設計の主力ボロディノ級は低舷《ていげん》戦艦（側面が低い戦艦のこと）。当時の海軍戦略から、遠洋での運用を想定せずバルト海や地中海といった内海向きの設計であり揺られ易かった。

長旅に向かない艦船で、行く先々ではイギリスの嫌がらせ。バルチック艦隊が日本海に到着した頃には、文字通り疲労困憊《こんぱい》であった……。

●死の商人も群がった

バルチック艦隊を率いたロジェストヴェンスキー

朝鮮半島や満州といった、当事国の領土の外で戦闘が繰り広げられたのが日露戦争だ。

それらの地域はそのまま、戦後の利権が眠る土地でもあった。その土地を最も貪欲に狙っていたのは、日本・ロシアよりもイギリス・アメリカやドイツ・フランスといった列強たちの方だったかもしれない。

自分たちの血は流さず、代理人を戦わせて権益をせしめようという、狡猾な外交戦略の道具として、日本とロシアが利用されたという見方もできるのだ。

だからではないだろうが、日露戦争は各国の最新兵器が続々と投入された、「実験場」としての要素がある戦争だった。急速な進化を遂げていた鉄道が、本格的に軍事目的に転用された最初の戦争でもあり、銃火器にも最新の技術が導入されていた。

日本軍に「葬式の行進曲」と称された轟音を発する機関銃もあれば、まだ珍しかった魚雷（魚形水雷）も使われた。コンクリートで分厚く固められた旅順要塞も、新型兵器の一種である。日本軍が、間接的には敵国であるはずのドイツメーカーの大砲を使っていたりしたのだから、まさしく「兵器の見本市」である。

日本人が血を流した戦争を、客観的な視点で捉えるのはなかなか難しいが、こうして当時の世界情勢と合わせて考えると、日露戦争がどういった意味合いを持っていたのか、今一度考える材料になるのではないだろうか。

明治の逸話 其の15

【あの作戦はフィクションだった？】

日本海海戦はT字で戦っていない

●華麗なるT字伝説

日露戦争、いや、明治時代のハイライトと言っても過言ではないのが日本海海戦だ。今まで小説にドラマ、映画と何度も劇的に描かれており大日本帝国最大の栄光として広く知られている。

1905（明治38）年5月27日、日本の連合艦隊とロシアのバルチック艦隊による艦隊決戦で、日本はこれ以上ない一方的な大勝利を収めた。お陰でアメリカの斡旋による停戦講和は、ほぼ日本の思惑通りに進み、外交的な勝利を手繰り寄せた。

この日本海海戦の中でも有名なのが、「T字戦法（丁字戦法）」だろう。知られているところでは、両艦隊がすれ違う場面で、連合艦隊が艦隊運用のセオリーを無視し相手に船腹を見せて「敵前回頭」（回頭は、船首の向きを変えること）を果敢に実施。砲撃の格好の標的になること

日本海海戦で指揮をとる東郷平八郎。傍らには秋山真之がいる

を覚悟のうえで、敵との位置関係を「T」字として自軍艦砲の同時発射門数を増やす。

当時の軍艦における砲門の配置構造は、後の「ドレッドノート級」と違って、艦の左右舷側の火力が最も強くなっていた。だから正面から戦うより、危険はあるが船腹を相手に見せた方が、より効果的に搭載している砲門を使えた。そこで常識にとらわれず、あえて火力を優先させる「T字戦法」を採用した連合艦隊司令部は「あっぱれ！」というわけだ。

●実は使われていない！

ところが、実は日本海海戦で、この「T字戦法」は採用されていなかった。似たような艦隊行動はとったが、言われているほど常識破りの作戦ではなかったのだ。

というのも、この作戦は日本海海戦に先立って2回も失敗しているのだ。さらに言えば、失敗する前から、「立ち上がりは有利だが、長期戦になると砲力が発揮できなくなる」という難点も指摘されていた。

もともとギャンブル要素が強い上に、2回も失敗したという結果を踏まえ「本番」と位置づけた日本海海戦では、事前に作戦が変更されていたのだった。

まずは、その失敗した戦いを見ておこう。

失敗の1回目は、1904（明治37）年6月23日の黄海海戦。ロシアの旅順艦隊を旅順港に封じ込め、あるいはおびき出して打撃を与え、黄海の制海権を掌握して陸軍の安全な上陸拠点を確保しようという戦いであった。

旅順艦隊はそうはさせじと、旅順港を出て遠く離れたウラジオストックの艦隊と合流し、数的劣勢を五分五分にしようと目論んだ。逆に日本は、何とかして旅順艦隊に壊滅的な打撃を与え、ウラジオストック艦隊、バルチック艦隊と各個撃破することを想定していた。

日本側は旅順艦隊の出発を察知してから9時間後に遭遇。このときに、「智謀湧くが如し」と評された参謀・秋山真之《さねゆき》が立案した、本当の「T字戦法」が採用された。狭い黄海から広い日本海に出ようとする、細長く伸びた旅順艦隊の単縦陣の頭を塞ぐように立ちはだかり、集中砲火で1艦ずつ撃破しようという目論見だ。

ところが現実は、そううまくいかない。日本側の目的を察知した旅順艦隊は、一斉に連合艦隊に背を向けると、いそいそと旅順港に戻っていくではないか。逃げ帰る敵に気付いた連合艦隊は慌ただしく針路を変えて追うが、追いつけないまま終わってしまった。

続いて、およそ2カ月後の8月10日。乃木希典率いる陸軍第三軍が陸上から旅順攻撃を開始。尻に火がついた旅順艦隊は再びウラジオストック目指して出航した。連合艦隊は前回の教訓を踏まえ、敵の退路を断とうと、前回より旅順港側に回り込むような針路をとり再び「T字戦法」にチャレンジした。

するとと旅順艦隊、今度は旅順港側に入り込んできた連合艦隊の後尾をすり抜けようと、全速力でウラジオストックに向かってみせた。日本側も慌てて針路を変え、今度は後ろから追いかけるような形で必死にすがりつく。夕方になってやっと旅順艦隊に追いついた連合艦隊が必死で砲撃を加えると、約1時間後、旗艦「三笠」の砲弾が敵旗艦「ツェサレーヴィチ」に命中。搭乗していたヴィリゲリム・ヴィトゲフト司令長官は戦死してしまう。

黄海海戦で激しく損傷したツェサレーヴィチ

指揮者を失った旅順艦隊は大混乱に陥った。統制が利かなくなり、そのままウラジオストックを目指す艦、旅順に戻ろうとする艦など、それぞれが思うままに針路を取り四分五裂。結局、18隻の軍艦のうち、10隻は旅順に戻り、8隻はドイツ租借地領内に逃走したり日本に鹵獲されたりと、戦力としては壊滅した。

連合艦隊としては、作戦目的は遂げたものの、大いに問題が残る結果となった。洋上決戦で敵艦隊を撃破する「T字戦法」が、役割をまったく果たさなかったのだ。

とはいえ、ロシア海軍の〝本命〟であるバルチック艦隊を撃滅しない限り、日本の外交的勝利はあり得ない。

はるばるインド洋から日本に向かうバルチック艦隊には二つの進路が選択できた。ひとつは対馬海峡から朝鮮半島を通り過ぎ、ウラジオストックに入る道。もうひとつは日本列島の太平洋側を通過し、千島列島からウラジオストックを目指す道だ。

言うまでもなく、彼らの作戦目標は「ウラジオストックに入ること」。つまり旅順艦隊と目的は同じである。ロシアにとっては日本海に面するウラジオストックに艦隊が入れれば、日本海の制海権は不安定となり日本軍の兵站《へいたん》に問題が生じる。そして戦争の長期化は、国力で勝るロシアの勝利を意味した。

連合艦隊は、絶対に同じ失敗を繰り返すわけにはいかなかったのである。

●反省を活かし日本海海戦に勝利

そして、ついに運命の5月27日がやってきた。対馬沖で連絡船「信濃丸」がバルチック艦隊を発見すると、連合艦隊は大本営に向け「敵艦隊見ユトノ警報ニ接シ聯合艦隊ハ直チニ出動、コレヲ撃滅セントス。本日天気晴朗ナレドモ浪高シ」と打電すると出撃した。

８０００メートルまで迫るバルチック艦隊。ここで、またしても日本艦隊は回頭するのだが、それは今までとは別物の「Ｔ字戦法」だった。

バルチック艦隊の射程距離は、旗艦「三笠」に比べて6割程度しかなかった。敵戦力を知悉《ちしつ》していた東郷平八郎長官以下の連合艦隊首脳は、その射程圏内に入る前に回頭を終え、先制攻撃に入った。決して敵艦に横っ腹を見せるような艦隊運動ではなかったのだ。

また進路も、敵の前で一列になって塞ぐ「Ｔ字」ではなく、どちらかというとＵターンするような形でバルチック艦隊と平行になりながら、追い抜いて進路を塞ぎにかかった。この方法であれば、敵が逃走しても追撃を加えることができる。

回頭を終えた連合艦隊の単縦陣が伸び切って右舷側からの砲撃が始まると、たちまちバルチック艦隊は爆煙に包まれる。ロシア海軍の炸薬《さくやく》は綿火薬であったが、日本海軍は爆発力が強い「下瀬火薬」を使用していた。これは命中の衝撃ですぐに爆発してしまうものの、その威力は敵艦上の人間・施設を徹底的に焼き払い、バルチック艦隊の戦闘力を急速に奪うものだった。命中率も、演習を積んでいた連合艦隊と、ほうほうの体《てい》で日本海に辿り着いたバルチック艦隊では比べ物にならず、海戦は日本の一方的な勝利に終わった。

結局、バルチック艦隊はたった一度の海戦でほとんどの戦力を喪失。戦艦は6隻も撃沈され、他も自沈もしくは拿捕されるか、中立国へ逃亡した。おまけに、近代海戦では類を見ないジノヴィー・ロジェストヴェンスキー中将の拿捕を成功させた。

このように日本海海戦の圧倒的勝利は、決して「敵前大回頭」などという無謀な賭けによるものではなく、黄海海戦での失敗を踏まえて作戦を改良し、必ず敵を撃滅できるように計画を立てたことで、もたらされたものだった。

ではなぜ、「T字戦法」はこれほど「史実」として喧伝されてきたのか。

それは、戦後に海軍が残した公式の報告書に「こういう戦法で勝ちました」という記載があったから、としか言いようがない。察するに、当時はロシアと結んだ講和条約の条件が不満だとして、焼き討ち事件が起きた時分である。「『T字戦法』という必殺の作戦で敵を下した」と熱狂する日本国民の空気に、水を差したくなかったのであろう。ちなみに、東郷平八郎は「聯合艦隊解散の辞」をこう結んでいる。「古人曰く、勝って兜の緒を締めよと」。

明治の逸話　其の16

【裏から大勝利を支えた】

日本の007？明石元二郎

●日露戦争の勝利に陰から貢献

日露戦争の主戦場は、朝鮮半島に満州、海では黄海や日本海といった地域だった。これらで活躍した秋山兄弟や東郷平八郎、児玉源太郎らは戦勝の英雄として、現在に至るまで讃えられている。

しかし、遠く離れたヨーロッパの地で孤独な戦いを続け、勝利に貢献した人物もいた。後の海軍大将・明石元二郎《あかしもとじろう》である。戦争終結後は時の枢密院議長・伊藤博文から激賞されたが、今は教科書だけではその事績を知ることができない。彼の名が華々しい戦勝の英雄として語られないのは、その任務がいわゆる〝裏の仕事〟だったからだろう。

つまり明石は、ロシア国内を混乱させるために送り込まれた諜報員、スパイだったのだ。

1904（明治37）年2月1日。日本はロシアに対して宣戦を布告した。明石はその3年前の1月に、フランス公使館付の駐在武官としてヨーロッパに赴任していた。そして開戦半年前の8月付でロシア公使館付に身分が変わり、宣戦布告に伴って参謀本部付のヨーロッパ駐在武官へと、またまた身分を変えていた。

明石を参謀本部直属の諜報員として指名したのは、開戦当時は参謀次長の座にあった、児玉源太郎陸軍中将。フランス滞在時からロシア情勢の研究を進めていた明石こそが、自分が考えている作戦に適任だと白羽の矢を立てたのだ。

当時のフランスは露仏同盟を通じてロシアと緊密な関係にあり、国内でロシア情勢を探る作業は比較的容易だったのだろう。ロシアのロマノフ王朝は国内に反体制派を多く抱えており、明石はそれに着目した。

諜報戦で成果を挙げた明石元二郎

彼は日露戦争が始まると、拠点をスウェーデンの首都ストックホルムに移した。ロシアとは距離は近いが、関係は良好とは言えない同国は、安全な諜報活動を進めるうえで、うってつけの根城だった。

明石の主な任務は、ロシア国内の政治・軍事に関する新鮮な情報を母国にもたらすこと。さらに重要だったのは、ロシアの反体制派をうまく利用して、帝国の後方を撹乱することだった。そのための資金として、参謀総長の山県有朋は100万円もの予算を明石に与えた。ちなみに、当時の国家予算は2億3000万円ほどである。

これを元手に敵のお膝元で騒動を起こせば、遠く離れた極東に送る軍事力を減らすことができる。〝日本の007〟明石の戦いが始まった。

●ロシア革命の炎を着実に育む

とはいえ、国内の実情を探ろうにも、反政府勢力を煽動しようにも、当時の明石には個人的な伝手がまったくなかった。当初はイギリス公使の林董《はやしただす》はじめヨーロッパに赴任している文官・武官を頼って、何とか人脈を作ろうと四苦八苦した。焦りも出てきた明石は、ヨーロッパに留学中の学生まで使って、学内の反政府運動参加者を探させたりもした。

何とかして接触に成功した協力者の家を訪れると、そこにはロシア皇帝・ニコライ2世直筆の追放状が額に入れられて飾られていた。明石が驚いたのは、その隣の額だ。何と明治天皇の肖像が飾られていたのだ。さらにもう一つの額には、ロシア皇太后の弟でデンマーク皇太子の直筆署名入り写真。皇太子はロシアの行く末を案じ、姉を通じて圧政を止めるようニコライに諫言していた。つまり心情的には反政府勢力に近い立場の人物だった。

これなら「反政府勢力の活動を日本が支援する」という裏協定の話をまとめられる――そう確信した明石は、この後も様々な反政府組織の幹部たちに顔を売った。やがて、将来ロシア革命を主導することになるウラジミール・レーニンとも知り合い、彼の革命運動に裏から支援の手を差し伸べていくのだ。

日本滞在時のニコライ２世。「大津事件」はこの後に起きる

開戦からひと月ほど経った3月初旬。

ロシア反政府運動の有力者・チャイコブスキーが音頭を取り、「ロマノフ王朝打倒を唯一の旗印に各勢力は大同団結しよう」という手紙を各方面に出した。手紙を受け取った明石は、国民が母国の政府を滅ぼそうという思想に違和感を覚えたものの、それが日本のためになるならと、ますます精力的に彼らの後方支援活動に邁進《まいしん》することになる。

「満洲で戦うロシア兵に降伏勧告をしたいから、日本へ渡りたい」という申し出を受けて、イギリス公使たちに根回ししたことさえあった。以降も明石はパリやスイス国内、ポーランドやベルリンなどを転々としつつ、ロシア革命の火種を大きく育てるために奔走した。

反政府勢力各派の代表が集った会議で、ある会派から「我々は日本に踊らされているだけではないか？」という疑心を持たれれば、「こちらは、提案された事案について支援を約束しただけ。不満があるならいつでも手を引く」と駆け引きを展開して、彼らが四分五裂することを懸命に防いだ。

やがて、ロマノフ王朝への不満のガスが、溜まりに溜まって暴発を始めるときが来た。それぞれの反政府組織が独自にデモや暴動を引き起こす中、1905（明治38）年1月、世界史の教科書には必ず載っている、「血の日曜日事件」が起きる。

これはもともと、貧しい農民や労働者たちが「暮らしが厳しいから慈悲をください」との陳情書を掲げ行列を作り、皇帝の威光にすがろうとしたのが発端だった。

それを、新手のデモか暴動と早合点した衛兵たちが、庶民に発砲してしまったのだ。この事件で決定的に庶民の支持を失ったロマノフ王朝は、滅亡への道をひた走ることになる。

●最後の大博打でロシア軍を食い止める

その3カ月後の4月。日本陸軍が奉天会戦でロシア軍を撃破すると、ロシア軍はハルピン付近まで後退する。ここで後続の補充兵や補給物資を待って、再び大軍勢で反攻をかけようという魂胆であった。

思惑通りに補給を許せば、すでに予備軍まで投入して戦力が枯渇していた日本に勝ち目はない。バルチック艦隊も、はるか極東の地を目指して進撃中である。ここで明石は危険を冒して、反政府勢力への武器弾薬の搬送に着手した。その甲斐あってか、ロシア国内の混乱はさらに深まり、政府は物資を運搬する余裕をなくしていった。

時を同じくしてアメリカ大統領セオドア・ルーズベルトの講和周旋工作にも本腰が入れられ始めていた。ロシアはついに、乾坤一擲の大反攻作戦を諦めることになり、日本優勢のまま、日露戦争の幕が閉じられることになった。

日露戦争終結後の12月7日。満州軍総司令官を務めた元老・大山巖が帰国した同じ日に、明石も帰任した。大山が欣喜雀躍する黒山の人だかりに出迎えられたのに対して、〝影の仕事〟に従事した明石を出迎える人は誰もいなかったという。

とはいえ、戦中の工作は高く評価され、伊藤博文からは「10個師団分の働きに相当する」と激賞され、ドイツ皇帝ヴィルヘルム2世は、「明石元二郎一人で、満州の日本軍20万人に匹敵する戦果を上げている」と讃えたとも言われている。

その後は韓国で憲兵司令官・警務総長を務め、第六師団長を挟み1918（大正7）年には台湾総督に就任。ついに陸軍大将に昇格した。総理大臣の芽もあったというが、航海中に病を得て郷里の福岡で没した。日露戦争の功績は大きく評価されたものの、諜報活動に従事していたこともあってか、今ひとつ陸軍の傍流から抜け出せなかったことを、本人は不満に感じていたとされる。

余談だが、太平洋戦争後に自由党と民主党の「保守合同」をまとめた衆議院議員の石井光次《みつじ》郎《ろう》は、台湾総督府時代の明石に仕えたことがあった。彼にロシア革命について問うと、こんな答えが返ってきたという。

レーニンとかトロッキーとかというのは、あいつ等は皆、俺が使ってやったんだが妙なことになったものだと思う。

自身の諜報活動の成果に、最後まで自信を持っていたことが窺える一言である。

【第三章】新しい国造りの裏で

明治の逸話 其の17

【女性専用車両もあった！】

不正乗車はえらく高くついた鉄道

●不正乗車をすれば４年分の食費を取られた

鉄道は、現代日本人に欠かせない交通の「足」だ。

鉄道が開通したのは明治時代だが、その存在は幕末に伝えられていた。といっても、マシュー・ペリー提督がアメリカ大統領からのプレゼントとして幕府に献上した、鉄道のミニチュア模型があるだけ。明治改元前に乗車した日本人は、１８６０（安政７）年に使節団として渡米した新見《しんみ》正興《まさおき》以下の幕臣や、漂流してアメリカで暮らしていたジョン万次郎やジョセフ・ヒコなど、ごく一部に過ぎなかった。

それでも、１８７２（明治５）年には、早くも日本国内で初の鉄道路線が開通する。言わずと知れた新橋―横浜間がそれだ。本営業が開始される前に、品川―横浜間で仮営業が開始されるのだが、その時に定められた「鉄道略則」というものがある。鉄道利用に関する様々な規則が書かれたもので、「切符」という決済手段すら知らない国民のため、運賃の支払い方法などの基本的な事柄から説明を始めている。

驚くのは、料金体系などの基本的なルール以外にも、すでに罰則規定が記されていることだ。例えば無銭乗車をすると罰金は最大で25円。これには、下等運賃しか支払わずに、より高等な車両に乗り込むとか、乗り越し運賃が不払いだった時も含まれる。現在のJR各社をはじめとする鉄道会社は、無銭乗車を発見した場合は規定料金の3倍を徴収するという罰則を設けていることが多いが、明治のそれは現代と比べて高いのか、安いのか？

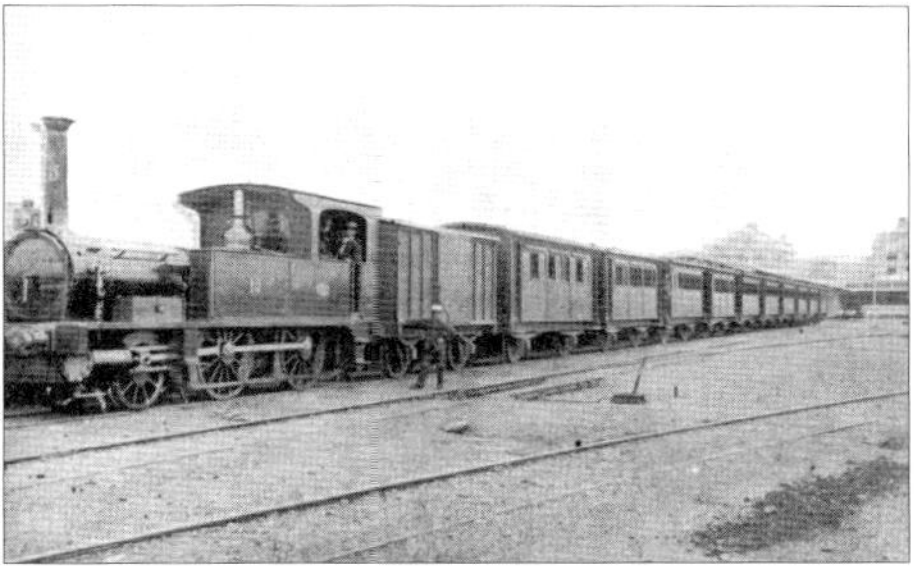

明治初期の鉄道

仮開業当初の料金体系は三つのグレードに分けられていた。安い方から順に、下等50銭、中等1円、上等1円50銭。罰金額は最大で、一番高い上等と比べれば約17倍、一番安い下等と比べたら何と50倍にもなる。えらく高くついたのだ。本開業間もなくから、料金は次第に値下げされていくから、負担倍率は、より大きくなっていったことになる。

とはいえ、当時の鉄道は時代の最先端技術。現在より割高な乗り物であったことも事実だ。そこで米価と比較してみよう。当時のお米は1石あたり4円前後。今よりもサイドメニューに乏しく、主食で腹を満たす食生活だったから、米の消費量が1日4合と仮定してみると、1石は250日分になる。

これと比較すると仮開業時の最大罰金額は4年分以上の米に相当する。下等料金でも2週間分に近い米代と同額であり、現在の価値に換算すれば6000円近い高価な乗り物だったとはいえ、その罰金はべらぼうな額に設定されていたのだ。

●すでに女性専用車両があった

ところで「鉄道略則」に書かれた罰則規定を読んでいくと、「婦人のために設ある車及び部屋」に男性が立ち入ることを禁じる項目がある。つまり、これは明治時代の鉄道や関連施設に「女性専用」スペースがあったということだ。

日本人にとって当たり前の光景だった「混浴」が野蛮だとして、政府が躍起になって禁止しようとしている時代だったからこその禁止事項だろう。これを犯した男性には運賃没収の上で10円以内の罰金が科せられた。

また喫煙スペースも定められており、違反者には「男子禁制」の場合と同様の罰則が科せられた。ひと昔前まで、駅構内でも車内でもタバコをプカプカ吸うことができた日本の鉄道だが、開業初期には〝禁止事項〟だったというのだから、驚きである。

車内にトイレがなかった時代は、我慢しきれずに走行中の車窓から放尿して罰金10円を取られる者も大勢いた。沿線住民からの苦情も多かったようだが、トイレに行きたくなったら途中駅で、短い停車時間内にトイレと列車を往復する必要があった。危険な駆け込み乗車が、駅に到着するたびに繰り広げられていたのだ。ところが1888（明治21）年、政府関係者が走り始めた汽車に飛び乗ろうとして失敗、転落死する事故が起きる。トイレ付き車両の導入を目前にした悲劇だった。

デ963形の女性専用車両。ちゃんと表示板も確認できる

罰則の話を続ければ、駅や車内でへべれけになった「酔人及不行状人」は、運賃没収の上で20円以内の罰金かつ強制下車。現在だったらサラリーマンが飲酒して帰宅するのに電車を使うことが憚られるような厳しさだ。

「総して列車の運転中に出入すること又は車内旅客の居るへき場所の外に乗ること」を犯すと10円以内の罰金。さらに厳しいものになると、駅構内の掲示類や備品などを壊したり傷つけたりすると、罰金は最大で50円。おまけに100日以内の懲役か禁錮も科せられた。規則にはないが放屁で5円徴収された例もあったほど。西洋人の目を気にするがあまり、現代よりはるかに厳しいマナーを強いていたことが分かる。

●定期代も高かった！

通勤に通学に、鉄道を利用するなら欠かせない存在が「定期券」だ。これは開業の翌年、1873（明治6）年には「往復常乗切手」という名称ですでに販売が開始されていた。日本における定期券の歴史は、鉄道の歴史とほぼ同じ長さを誇るのだ。

驚くのは歴史の古さだけではない。

売り出された「定期」は新橋—横浜間の上等車に乗れるタイプで、利用期間3カ月の一種類しかなかったのだが、これが120円もしたのだ。

参考までに1874（明治7）年の巡査の初任給は4円。目新しい食べ物であった食パンでも1斤で6銭5厘。食パンを1800斤以上も購入できる金額、文字通り破格の〝プラチナチケット〟だった。

それはさておき、このころの通常運賃は1円12銭5厘（1両2朱）、これに往復で1日2回乗車し、90日間フルに活用したと仮定すれば、定価の6割程度。値引き率がよくお得な感じも

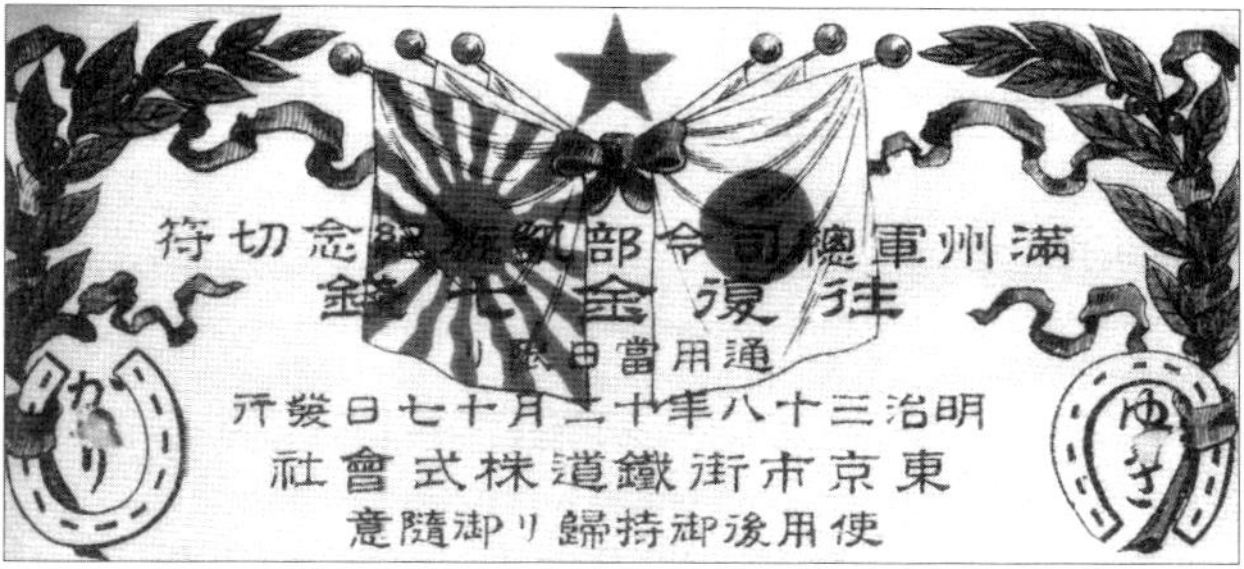

日露戦争に勝利した時に発行された記念切符（提供：毎日新聞社）

するが、やはり初任給3年分近い買い物をポンとできる層は限られていたはずだ。その証拠が〝上客〟が乗る上等車からスタートした事実に表れている。

また1878（明治11）年には、「割引往復切手」も販売スタート。これは新橋―横浜間と京都―神戸間の上等と中等のみが対象で、料金が4割引きされるものだった。

●靴を脱いで乗車する客も

ここまで明治の鉄道の仕組みについて述べてきたが、使う側はどうだったのだろうか。

今でも多くの日本人は、玄関で靴を脱いでから家に入る。それは玄関までは「外」で、玄関から先が「内」だと認識しているからだ。ごく自然な所作だが、明治時代の鉄道開通時にはこれが災いしてしまった。

車内に入る際に靴を脱いで上がる者が出たのだ。現在の日本人は、電車も「外」だと認識しているが、明治時代の日本人にとっては、鉄道の車内は特別な空間である。当然、「略則」にも「靴を脱いで乗車しろ」とは書いていないが、思わず脱いでしまったのであろう。

多かったと言われるケースが、ホームで靴をきちんと脱ぎ揃えて乗車、発車して置き去りにした靴と別れ別れになる、というものだ。

なぜ庶民がそこまで心配したのかと言えば、ただでさえ時代の最先端を行く乗り物なのに、床がピカピカに磨かれていて、さらに眩しく見えたから。また、当時は「上がる」場所には旅館でも何でも入り口に下足番がいて、履き物を預けて下足札を受け取る、という習慣が定着していたこともあるだろう。

文明国になるために、過剰とも思えるマナーや規則を日本人に強いた、開通当初の鉄道。文明の利器は使いこなしてこそ価値があるものだが、当時の日本人にとっては、まだ時間が必要だったようだ。

明治の逸話　其の18

【お雇い外国人も驚愕!】

日本の伝統技術で掘ったトンネル

●日本初のトンネルに立ちはだかる問題

開国して間もない日本は、国際社会において技術や思想など、あらゆる面で後進国と見なされていた。それを明治政府の指導者たちも、痛切に感じていた。

列強に追いつき、追い越すために欧米の技術や思想を貪欲に取り入れていくことになるのだが、そこで活躍したのが数多くの「お雇い外国人」たち。様々な分野で期待をもって招聘された彼らは、日本国の国造りに大きな役割を果たした。

それは、世界的にも「新技術」として扱われていた鉄道を、日本に導入する過程でも当てはまる。イギリスが鉄道の「本家」だと目されていたから、鉄道敷設のためにイギリス人のお雇い外国人が大挙来日した。彼らの計画や指導のもと、日本初期の鉄道が敷設された。

日本初の鉄道が開通したのはご存知の通り新橋―横浜間だが、ほぼ同時に開通させるつもりで大阪―神戸間の工事も進んでいた。

首都・東京だけに留まらず、関東と関西を結ぶ「大動脈」として鉄道を敷設する計画が、漠然とではあったが生まれていたからだ。もちろん技術的な点で、日本人だけでは不可能。そこで関東でも関西でも、外国人主導で敷設が進められた。ところが計画は暗礁に乗り上げてしまう。理由は簡単で、新橋―横浜間では必要なかったトンネルを、大阪―神戸間では掘らなければならなかったからだ。

数は3カ所。いずれも川の下に通さなければならなかったが、これ自体は海外でも珍しくないケース。問題はその川が流れている高さだった。

これまで海外で掘られてきたトンネルは、地面とほぼ同じ高さに流れている川の下に掘られたもの。地面を掘って、川底をくり抜き、レールを地下に通していくというもの。しかし大阪―神戸間に必要とされたのは、「天井川《てんじょうがわ》」と呼ばれる川の下を通るトンネルだった。

明治時代に造られた静岡県の宇津谷隧道。今も使用に耐えている

川に堤防が作られ氾濫することがなくなると、河床の土砂の上を水が流れるようになり、次第に川の高さが地面より上がっていき、天井川となる。

つまり川底が鉄道を通したい面より上にあるということだ。「だったら地面と同じ高さでトンネルを掘り進め、そのまま開通させればいいではないか」と思えるが、これが当時の技術では難しく、トンネルの本場のお雇い外国人も頭を悩ませる問題だったのだ。

●問題をクリアした日本の伝統技術

この区間の工事を担った責任者は、イギリス人のお雇い外国人ウィリアム・ポッターだった。彼は天井川を堰き止めて堤防を切り、トンネルを作ってから堰き止めた部分を埋め戻す開削工法を採用した。

さらにポッターは、突然の雨による鉄砲水の危険を考え、堰き止めた部分を補う仮水路を作ることにした。水の流れを完全に止めず、補っておくという工法である。

このときに彼が導入を決断したのが、日本伝統の技術だった。

弥生時代の遺構・登呂《とろ》遺跡から出土しているような、古くから伝わる矢板を用いた水路建設技術だ。弥生時代の田んぼではなく、人員を大量に輸送する最先端技術の鉄道が相手である。しかも川底を通すトンネルで、木製の水路なんて大丈夫か？　という疑問も湧くが、それは杞

工事現場で使われる矢板の技術

憂であった。

というのも、日本の木製の水路が水漏れしないことは、江戸時代初期に建設された神田上水で実証済みだったからだ。木板同士を隙間なく並べていくのは、日本人にとって馴染みがある堅実な技術であった。

土木工事に関する最新の知識や技術では先を行っていた欧米だが、木工技術においては日本が彼らを凌駕していたのだ。森林国家で木造建築文化を長く育んできた、日本の面目躍如といったところ。その確かさは、現存する「世界最古の木造建築」とされる奈良の法隆寺などを見てもわかる。

その裏付けか、お雇いイギリス人の中には木工専門の職人、つまり大工はひとりもいなかった。この事実は、イギリスが少なくとも木工に関しては日本が進んでいるらしいぞ、と暗に認めていた証拠だろう。だからポッターも、日本の技術に頼るのに躊躇がなかったのだ。

●日本人と日本の技術だけで完成させたトンネルや橋

１８７０（明治３）年から翌年にかけて着工した大阪―神戸間の鉄道、そして軌道上にある三つの「天井川トンネル」。どれも難工事だったが、相次いで掘削・開通に成功していく。中でも特筆されるのは逢坂山《おうさかやま》トンネルだ。今のような掘削機械がまだない当時、トンネルを掘り進むのは、すべて人力だった。

旧逢坂山トンネル。現在は使うことはできない

このトンネルも１８７８（明治11）年から手掘りで工事を進めるのだが、掘削を担う労働者が全員、日本人だったのは当然として、いくつものグループに分けられていた工事現場を指揮したのも日本人だった。

つまりトップこそ外国人だったものの、実質的に〝純国産〟で完成させた、近代トンネル第1号なのだ。

およそ1年ちょっとの工期で貫通させてしまったのも驚きだが、明治に改元してからわずか10年ほどで、外国人も目を見張るようなスピードで土木技術を自前のものにしてしまった日本人の勤勉さと向上心。大いに誇ってもいい明治人の姿だ。

そしてなぜ、1年ほどの工期でトンネルが出来上がったのか。ここにも日本の伝統技術が隠されている。活用されたのは、戦国時代に大発達した坑道掘削技術なのだ。

金山や銀山などの鉱山を掘り進むのとは勝手が違う（何より坑道の断面積が大きく違うことが最大のネックだった）ため、試行錯誤する場面もあったが、実践と応用を繰り返し、そこに西洋流の新たな知識も加えて、新時代の坑道掘削技術を作り上げたのだ。

今でも日本は世界最高レベルのトンネル掘削技術を持つ国だが、その礎は明治初期に築かれていたわけだ。

この成果を手土産としたのか定かではないが、後に大阪─京都間に鉄道を延伸するときには、すべての工区で新時代を担うべく養成されてきた日本人技術者が責任者として着任している。このころになると、もはや外国人を頼らずとも何とか自前で鉄道を敷設できるまでに、日本の技術力が養われていたのだ。

余談だが、新橋─横浜間の鉄道でも、日本伝統の技術で作られた構造物がある。現在の東京都と神奈川県の境にある多摩川を渡る六郷橋がそれだ。

徳川家康が１６００（慶長５）年には六郷橋を架橋していたようだが、人や馬などと比べ物にならない重さの蒸気機関車を通す橋だから、このときは耐荷重性などで格段に高い仕様が要求されたはず。

それをいとも簡単にクリアしたのが、古くから親しまれてきた木組み技術だった。木材同士を効果的に接合したり、嵌め込んだりして耐久性を上げる工法で、木だけで作られているのに、汽車が走ってもビクともしない頑丈さは、欧米人を驚かせたことだろう。お雇い外国人と伝統の技術。和洋折衷も厭わない技術革新が、日本の国土を近代化させる原動力となっていたのである。

明治の逸話 其の19

【実現していたら渋滞はなかった？】

国家百年の大計 明治の道路計画

●幻と消えた「国家百年の大計」

現在の東京都心を中心とした高速道路や幹線道路は、どこも車線が少なかったり幅員が十分ではなかったりして渋滞が起きやすい。通勤ラッシュ時間帯のテレビやラジオの交通情報で、「渋滞しています」のアナウンスが流れるのは日常茶飯事だ。

軽微な事故があったり、故障車両が路肩に一時駐車しただけでも、たちまち数キロ単位の渋滞。筆者が幼少期に過ごした千葉県内のある街では、通勤ラッシュともなると住宅地から工場地帯までを車が埋め尽くし、直線距離で5キロほど向こうの駅に辿り着くのに、バスで1時間もかかるようなこともしばしばあった。

それはさておき、現在でも主要道路の起点とされているのが東京・日本橋。

ご存知のように江戸時代の五街道が起源で、江戸から京都へ向かう東海道沿いの道路は、今も国道1号線として受け継がれている。その日本橋周辺、オフィスが立ち並ぶ大手町や丸の内、官公庁が林立する霞ヶ関や永田町などを見ると、モータリゼーションの波が訪れる前に敷かれた道路などを別にすれば、だいたい3~4車線の道路が敷かれている。傍目から見れば、綿密な都市計画のもとに道路が作られているな、との印象を持つ。しかし、明治初期に立てられていた道路計画は現状をはるかに超える、壮大なものだった。

明治時代の日本橋街道。今も昔も道路の起点となる交通の要衝

●壮大！　新首都の道路計画

起案者は4代目の東京府知事に任命された由利公正《ゆりきみまさ》。「幕末四賢侯」のひとり、松平春嶽《しゅんがく》に仕えた元福井藩士で、幕末維新期には「三岡八郎《みつおかはちろう》」として活躍した人物だ。

彼が主導した藩の積極財政政策が実を結んで、幕末期の福井藩は全国に知られる裕福さを誇った。そうした財政・民政面での手腕が評価されて、新政府にも出仕していたのだ。

そして戦火に焼けた新首都・東京の再生を託されて知事に

抜擢。廃藩置県から間もない１８７１（明治４）年夏のことだった。

計画を起案した東京府知事・由利公正

そんな彼が政府に具申した道路政策が「銀座二十五間通り」構想。東京の中心部から幹線道路と定めた道路を道幅45メートルで敷き、それを軸に市街地を建設するというのが大まかな内容だ。

45メートル、と言ってもピンとこないだろう。

例えば東京の靖国通りで標準40メートルの道幅、大阪の御堂筋が43・6メートル。１９８８（昭和63）年に開通した瀬戸大橋の海峡部で35メートル、１９９３（平成５）年に開通した東京名所のレインボーブリッジが49メートル、といったところだ。

まだ自動車もろくにない、人力車や馬車が走っていた時代に立てられた計画にしては、道路幅が大きかったことがわかる。

この計画には人員や物資の輸送以外にも、火事の延焼を防止する施設として、道路を使おうという意図があった。ついこの間まで「火事と喧嘩は江戸の華」と言われていたし、由利が知事に就任した翌年の１８７２（明治５）年には「銀座大火」と称される大火事も起きている。

この火事では京橋区にある由利自身の自宅も全焼した。幕末維新期の貴重な文書類も数多く失われた。

それが「銀座二十五間通り」構想のスタート地点だったのだ。

可燃物がない道路で炎の行く手を遮ろうという発想は、江戸時代に火除地として現在の秋葉原一帯を広大な空き地にしておいたことに通じるものだ。同時期の「銀座煉瓦《れんが》街」構想も、道路計画と同じ理由から由利が発案した。

煉瓦造りの建物が並ぶ銀座煉瓦街。煉瓦の質は劣悪だったらしい

計画では道路の等級によって道幅を定めることになっていた。メインストリートになる銀座通りは計画名の通り二十五間、他の街路は二〇間（36メートル）。

ところが、当時の東京市街の道幅はというと、これが何と約8間（14・4メートル）しかなかった。当然の流れとして「そんなに広い道路が本当に必要なのか？」という疑問が、政府内からも出てくる。なにせ、約100年後の1964（昭和39）年に、東京オリンピックに合わせて作られた〝環七〟ですら、道幅は25メートルに過ぎないのだ。

さらに由利の計画に冷水を浴びせたのが政府の懐事情。新国家建設のための財源が十分に確保できていないのに、出費ばかりがかさんでいる時期だったから、途方もない土木計画に難色を示す者は多かった。

由利は、「草地ばかりの荒れ野原しかない今こそが好機。いったん道路を作って街が作られていったら、拡張は難しい」と主張。確かに諸外国の近代都市も、まず「道路をどのように敷くか」を決めてから建設されている。由利の主張は当時のグローバルスタンダードだったのだが、最終的に計画は却下。

明治期の銀座通り。由利の計画が容れられることはなかった

おまけに、「地方から道路が集まる、東京の道路幅8間に地方の4間を足し、合わせて12間でどうだ？」という、よく考えてみれば根拠がない妥協案が由利に提示され、同時期に進んでいた「銀座煉瓦街」建設計画との兼ね合いもあって、銀座通りの幅は十五間（約27メートル）ということに落ち着いてしまった。

現在、銀座や日本橋周辺で大きなビルが建て替えられる時には、ほとんどのケースで以前より道路から後退して建設される。

これは東京都心部の特別な制度によって、面する道路の幅と容積率の関係により、建築に制約を受けるから。制度に則らなければ建て替えられないが、建て替えれば床面積が減ってしまう——。

そんなジレンマを抱える古いビルも多いという。もしも由利の計画通りに道路が作られていたら、もっと楽に再開発が進められていたかもしれない。

現在の「土地がないから」とできるだけ道路の上を走らせた首都高速も、今のように2車線主体ではなく3～4車線は十分に確保でき、ノロノロ徐行する必要もなかっただろう。

●道路以前に都市建設も思い通りにはできなかった

由利が「待った」をかけられたのは道路計画だけではなかった。彼は道路計画を中心とした都市計画プランを温めていたのだが、そのためには広い公用地が必要だった。

しかし、この面でも問屋は卸してくれなかった。

この当時、つまり明治初期、すでに東京都心部はチグハグな都市構造になってしまっていた。これは幕府の都市計画がいい加減だったからではなく、明治新政府の都市建設に対する認識が希薄だったからだ。

新政府が樹立して間もなく、新たに設置された官庁は、それぞれが思うままに幕府から接収したばかりの武家屋敷跡などを早い者勝ちで奪っていった。品川沖に停泊していた幕府方の榎本武揚率いる艦隊の脅威に対抗するため、官軍が拠点として集中的に押さえた丸の内や日比谷、霞ヶ関といった当時の海岸線一帯は好例で、今も公的な重要施設が集合しているのはその名残だ。

こんなことをされていては、充分な幅を取った道路も機能的な都市も建設できない。

そう考えた由利は、知事に就任するとすぐに、政府に対して勝手な接収の禁止を打診したのだが、すでに遅し。

接収して使い勝手がいい広大な大名屋敷跡は、ほとんど残っていなかったのだ。この痛恨事が、遅々として進まなかった「東京市区改正」にも色濃く影響を残すことになる。

明治の逸話 其の20

【電灯に卒倒、郵便ポストに小便】

文明に振り回される日本人

●電灯が眩しすぎて倒れた

黒船来航に驚き、西洋の工業・技術力に目を見張った幕末維新期の日本人。間髪入れずに文明開化が始まり、国内には一気に近代化を告げる文物が流入してくる。驚かされっ放しで頭が追いつかない彼らは、滑稽な誤解・曲解のエピソードを残すことになる。

1882（明治15）年に、東京・銀座で初めて灯されたアーク燈。

それまで明かりといえば、ロウソクか菜種油などの微かな灯火だった日本人は、まったく新しい存在を興味深く見守った。点灯当日の現場周辺は、黒山の人だかりができる騒ぎとなったが、いざ点灯されると、その眩しさに卒倒者が続出してしまった。

今でもテレビ番組などで激しいフラッシュ光線が映った際に、視聴者が目眩を訴えたり、倒

野沢定吉画「東京銀座通電気灯建設之図」。さぞ驚いたことだろう

れたりしないよう警告するテロップが流されるが、アーク燈の未知の輝きはそれに近い感触だったのではないだろうか。1872（明治5）年に、横浜でガス灯が点いた時も、その15ワット程度しかない明るさに市民は驚いたという。それより激しい明かりを見たとなれば、眩惑されてしまうのも無理はない。

明かりといえば、開国とともに日本に伝来し、主婦の家事負担を大きく減じることになったマッチも、当時は高級品だったため目にすることが少なく、初めて見たときに「お化けの仕業」だと勘違いして卒倒する人がいたという。

また、「電灯はガス灯やロウソクより優秀」だということをアピールする目的で、次のような珍実験も実施された。テーマは「電灯の明かりは風に強い」。

ロウソクやガスの炎は、強い風が吹き込めば消えてしまう。そこで「電気ならそんなことはありません」と、わざわざ障子を開け放して点灯実験をしたのだ。

こうした啓蒙活動の成果もあってか、明治30年代になると電灯が一般家庭にも普及しはじめる。そのとき、電灯を導入した各家庭では、大慌てで掃除を始める主婦が続出した。というのも、あまりの明るさに、今まで気づかなかった部屋の汚れが目立ってしまったからだ……。

●いたるところで女性の生き血を活用？

1869（明治2）年に東京―横浜間で電信線が架設された際にも、悲喜こもごものエピソードが生まれた。

「テレガラフ」と呼ばれたそれは、電話回線用ではなく、モールス信号を用いた電報用の架線。種も仕掛けもなさそうなのに、はるか遠くまで瞬時に情報を送ってしまう摩訶不思議な機械を、開設当時の人々は「キリシタンの魔法」呼ばわりしていた。

有名なのは「電線には処女の生き血が塗ってあり、そのおかげで魔法のような力が生まれる」という迷信だ。「処女狩り」を恐れた、娘を持つ親の混乱ぶりが当時の新聞で報じられている。生き血といえば、1872（明治5）年に操業が開始された富岡製糸場も、「かき集められた女工の生き血で動く」との噂が広がり、人手を集めるのに難儀したという記録が残っている。得体の知れない文明の利器は、全て女性の生き血のせいにする勢いだ。

電線の下を通る時、呪われないように頭上に扇子をかざす人がいたかと思えば、順応性が高い人は「即座に遠くに運べるなら」ということで弁当箱を吊り下げておいた。怖いもの知らずの者たちは手弁当を持参して、「電線を電報が通過する瞬間」を見学しに訪れた。

恐怖が頂点に達したのか、「切断して使えなくしてしまおう」と考える輩も後を絶たない。

そこで登場するのが監視役。これが時代がかっており、真っ赤な陣笠に紋付きの羽織袴という出で立ちで乗馬して巡回した。もし電線が切られた場合は、馬で電文を運搬していた。そのため東京や横浜などの詰め所には馬が常備されていたが、これでは進歩したのだか、退化したのだか分からない。

●郵便ポストを便所代わりに

1871（明治4）年、比較的早くに発足した郵便制度も、とんでもない誤解の犠牲となった。「郵便箱」と書かれ、道端に置かれた箱。それを見た明治の人々は、見たこともない熟語を「垂便箱《たれべんばこ》」と誤読してしまう。便を垂れる――つまりトイレだと早合点して、小用に使うというハプニングが見られたのだった。

もっとも、これには伏線があり、同時期に横浜に公衆トイレが設けられているのだ。ところかまわず立ち小便する日本人へ向けられる、欧米人の冷たい視線を察した政府が直ちに対策を講じたのだった。しかし、郵便ポストを見た人々が「これが噂の〝垂便箱〟か」と勘違いしてしまうことまでは、予想できなかったようだ。

郵便箱はデビューでずっこけたせいか、郵便制度が浸透するまでは、まったく使われずに箱の中に蜘蛛の巣が張ってしまうことも珍しくなかった。一部の外国人は暇なことを「郵便箱」と言い換えていたという……。

明治時代のポストを復刻したという伊勢・五十鈴川郵便局

●文明開化のお味は？

食生活は国の文化の根幹と言っても過言ではない。そこにも近代化の波は訪れた。

「文明開化の味」といえば代表格は牛肉だが、当時の日本人にとって、これを口に運ぶには大変な勇気が必要だった。慣れない臭みに対処しようと鼻栓をしたり、罰当たりなことという意識から神仏にお詫びをしたり、自宅で食す場合は神棚や仏壇に目張りをした。

この頃の外国人は、居留地の外にある宿泊施設に大きな不満を抱いていたのだが、それも肉食と深く関わっている。旅館などでは外国人の要望に応じ、獣肉を用いたメニューを振舞っていたのだが、調理に使った炊飯器具は「穢れた」として、廃棄処分するケースが多かった。その分のコストは外国人向けの宿泊料金に跳ね返ってきたから、利用客にとっては割高感が強かったのだ。

食事と同じように、髪型もその国の個性が反映されているが、そこに手を入れようというのが「断髪令」である。当初は試行錯誤の連続で、従わない人を村役人が大きなハサミを担いで追い掛け回したり、髷を結っていない女性は対象外のはずが、なぜかバッサリと黒髪をおろしてしまったり。珍妙な髪型が現れては消えたのもこの時代で、英風・仏風・日本風と、さまざまなカットが考案されたのは良いとして、前髪と頭頂部、周辺部を刈り取った「かまど刈り」に至っては、当時の美的感覚からしても疑問符がつけられたことだろう。

●廃れる混浴文化

欧化政策が進む明治10年代には、「海水浴」と「風呂」の楽しみ方にもメスが入る。

1881（明治14）年、愛知県立病院長だった後藤新平は、県下の千鳥ヶ浜に日本最初の海水浴場をオープンさせた。江戸時代までは「潮湯治」という治療法の一環でしか海水浴をしなかった庶民にとっては、目新しいレジャーだ。

砂浜にはパラソルも設置され、いかにも西洋風。ところが女性は水着、男性は上半身裸で海水浴を楽しむ西洋人に日本人客は仰天してしまう。特に女性が肌を露出することに強い抵抗があったようで、風紀の乱れを心配する声が相次ぎ、海水浴の話題は常にゴシップ扱い。18歳の女性が海水浴に訪れたというだけで大騒ぎになった。大磯など湘南一帯を海水浴場にしていた神奈川県では1888（明治21）年に男女混浴禁止令を出すほどだった。

一方で風呂は、日本人にとっては混浴が当たり前。この光景に今度は外国人が逆に困惑してしまう。これまた野蛮人だと思われたくない政府は、1869（明治2）年に東京府内で銭湯での混浴禁止令を出したが、1900（明治33）年の内務省令で「男湯」「女湯」の看板がお目見えするまで、混浴禁止の徹底はできずじまいだった。

「頭にプロシアの帽子、足のフランスの沓、筒袖はイギリス海軍、股引はアメリカ陸軍。日本人の台に西洋はぎわけのメッキ」

文明開化に振り回された当時を評しての言葉だ。しかし開国当初こそ馬鹿にされたものの、元来日本人は順応性が高い民族。近代国家を造り上げ、世界を仰天させるのにそう時間はかからなかった。

明治の逸話 其の21

【授業参観と称して嫁探し】

学習院に出入りする怪しい面々

●教育思想を具現化した「華族女学校」の設立

日本屈指の名門校として知られる、学習院。現在は幼稚園、初等科、中等科、女子中等科、高等科、女子高等科、大学、女子大学に加え、生涯学習センターやマネジメントスクールも運営している学校法人である。

学習院といえば、皇族をはじめ、上流階級御用達の教育機関であり、ハイクラスの子女が通う学校というイメージが一般的だ。「皇族のための教育機関」という認識は誤解だが、イメージに違わず、出発点は幕末の京都に開かれた、公家の息子たちを教育する場であった。

明治天皇の曾祖父にあたる光格天皇は、行動的な野心家であり、旺盛な政治活動を行った帝であった。光格天皇は公家たちの堕落ぶりに失望し、彼らを再教育して朝廷の権威を復活させるため、「学習院」設立を計画したのだ。

モデルとなったのは、平安時代に存在した教育機関「大学寮」。光格天皇の孫で、祖父を信奉する孝明天皇の代になってようやく完成し、翌々年には「学習院」という名称も決まり、勅額が下賜される。幕末維新期には尊王攘夷派の拠点としても利用されていた。

明治時代に造られた学習院大学正門。今も残っている

●繰り返された部外者による「授業参観」

学習院は、明治時代に入っても形を変えて存続した。1877（明治10）年には、直接のルーツとなる「学習院」が男女共学で設立され、授業料さえ払えば華族以外にも門戸は開かれた。

しかし男女比では圧倒的に女子が少なく、卒業前に結婚して退学する華族令嬢も多かった。今より適齢期が若かった時代だから、学校をキッチリ卒業する者は、言い方は悪いが「売れ残り」。その証拠に、当時使われた「卒業面」とは「不美人」を指す隠語だったほどだ。

時は進んで明治中期。文明開化の足音も一息ついた頃、「女

昭憲皇后

性にも教育を」という気運が高まっていた1885（明治18）年には、本項の主役・学習院女子部のルーツとなる華族女学校が東京・四谷に開設されることになる。

学制は、満6歳以上12歳以下の小学科と、満12歳以上18歳以下の中学科ともに6年。さらに小学科は下等と上等が各3年、中学科は初等と高等が各3年と分けられていた。開校初年度の生徒数は133名。年度は9月1日に始まり、7月31日までとされていた。

華族の教育、中でも女子教育に強い関心を抱かれていた昭憲皇后は、新設された学校に足繁く赴き、授業の様子をたびたび参観されている。

夫の明治天皇も、次代の天皇家を支える側近子弟の勉学に相当な熱意を持たれていたので、夫妻お揃いで教育問題に関心が高かったわけだ。

さて、後に学習院女子部となるこの華族女学校は、名前の通り華族家の娘たちだけが入学を許される学校だから、そこには当然、良家の令嬢ばかりが集っている。両陛下の教育への思いとは裏腹に、当時の上流階級は学業とは別の面で活用してしまうのだ。生徒全員の身元が確かで、しかも上流階級育ち、これらは大きなポイントであった……。

早い話、「嫁探し」の場として重宝されたのだ。

身元の確認などをする必要がないから、「これだ」と思った令嬢が、どの家の娘かを調べればいいだけ。適齢期の息子、つまり次期当主候補を持つ華族にとって、これほど手軽で手堅い嫁選びの場所は他にはなかった。成績もセットで参照すれば、人物像も一緒に把握できるのだから、利用しない手はない。

当時の華族女学校は、生徒を通わせる保護者や家族ではなくても、事前に学校に申請すれば「授業参観」と称した学内への出入りが自由だった。対象は皇族や華族、政府高官などに限られていたが、これが「嫁探し」の抜け穴に使われたのだ。

貞明皇后

本来の目的としては、良家の子女が新時代を生きるための近代教育をしっかりと身に付けられているか、を調べるためだったはずだが、そうではなく本音は「嫁探し」という華族当主が、引っ切り無しに学校を訪れたのだ。

まずは見た目（容姿や立ち居振る舞いなど）から入り、家柄を調べ、授業を受ける様子や成績などから具体的な人物像を把握して最終的に嫁候補として選び出す、というのが基本パターン。

華族女学校で英語を教えた津田梅子

実際にそうして輿入れに至るパターンは意外と多く、多少経緯は違うものの、大正天皇妃となる貞明《ていめい》皇后（結婚前は九条節子）も「授業参観」で白羽の矢を立てられたひとりだった。

●開学当時の学習院女生徒たちの「実力」は？

教科課程は、結婚適齢期を迎える高等中学（16～18歳）を例に取ると、「修身」「和文学（現在の国語に相当）」「欧語学（主に会話）」「代数」「幾何」「歴史」「生理（解剖学など）」「動物」「植物」「教育（心理学を含む）」「家政（治財学）」「裁縫」「礼式」「図画」「音楽」「体操」の16教科。現在の高校カリキュラムと大差がない内容だ。また、明治時代を通じて教育面で重要視された「実学」にシフトした教育内容だったこともわかる。

面白いのは「欧語学」の時間が多かったこと。

開校に尽力したのが昭憲皇后の信任が厚い下田歌子であり、津田梅子は彼女の依頼に応じて、長く華族女学校において本格的な英語を教えていた。

開学の時期が欧化政策の「鹿鳴館時代」と重なることも影響したのか、外国人との交流が盛んに交わされることを視野に入れたものだった。

服装の規定は時代によって袴の着用が義務付けられたり和装が禁止されたりと異なるが、髪型も含めて総じて「随意とす」という表現で示され、大らかだった。

では「実学」を重んじる上流階級向けの学校で、生徒たちはどのような成績を収めていたのだろうか？

学業成績については個人差が甚だしかったようだ。もとより「自分には学業など必要ないわ！」と考えるお嬢さまも多かったらしく、結婚前の腰掛け程度に考えている生徒も多かったからだ。

一方で全員が「甲・乙・丙・丁」の4段階評価（学制の変更などで100点満点法だった時期もある）で最高の「甲」だった科目もある。

下田歌子

それが習字。当時の上流階級令嬢のたしなみは、習字・和歌・琴の三つとされていて、幼少期からこれらだけは一流の師匠について教わっていたからだ。
教科で言えば図画や手芸なども総じて成績優秀者が多かった。
裁縫と茶道と生け花は、出来て当然というのも、華族階級では常識だったのだ。また、教科には含まれていないものの、ピアノやヴァイオリンを得意とする令嬢も珍しくなかった。勉強の方はともかく、一芸を持つ生徒であふれていたのが当時の華族女学校だったのだ。

一方で苦手とする者が多かった教科は語学系と数学系。特に数学系は１００点満点中10点も取れずに落第する者が続出するなど、惨憺たる有り様だったようだ。

こうした校風の善悪は別として、いかにも「お姫さま」然とした、のんびりした雰囲気が破られるのは「学習院女学部」と改称された１９０６（明治39）年のこと。日露戦争から帰還した乃木希典陸軍大将が校長として赴任し「質実剛健」を掲げて学校改革を進めてからのことだった。

明治の逸話 其の22

【美貌の王女との仰天ウェディングプラン】

ハワイ国王が夢見た皇室との縁組

●自ら密命を帯びて来日したハワイ国王の仰天ウェディングプラン

ハワイにイギリスの冒険家ジェームズ・クックが来航したのは、日本では徳川幕府第10代将軍・家治《いえはる》の治世だった1778（安永7）年。約20年後の1795（寛政7）年には、〝大王〟カメハメハ1世がハワイ全島をほぼ統一している。

この間、アメリカ本土ではジョージ・ワシントンが初代大統領に就任していた。そして大王が没した翌年の1820（文政3）年にはニューイングランド島宣教師団がハワイに姿を現し、1840（天保11）年、ハワイに立憲君主制が成立。日本の幕末動乱期とほぼ同じ時代、ハワイもまた、大きな時代のうねりに巻き込まれつつあったのだ。

日本との本格的な接点は、はやくも1868（明治元）年に生まれている。日本人の集団移

「秘策」を胸に来日したカラカウア国王

民である。3年後には日本とハワイで修好条約が結ばれており、さらに4年後にはアメリカとの互恵条約を結んでいる。

こうして順調に国交を温めていた1881（明治14）年。時のハワイ国王・カラカウアは世界一周の旅に出た。まずはサンフランシスコに立ち寄り、そこから本格的な航海に乗り出す。実質的な最初の訪問国に選ばれたのは、近代化を急ぐ日本だった。

同じ君主制の国であり、ハワイが先んじていたものの日本も憲法制定への動きが本格化しつつある時期。ともに太平洋上に浮かぶ島国であり、ハワイからすれば、国同士が距離的に近いと言えた。

また欧米列強からの圧力に苛まれる〝同志〟としての親近感も、国王の心中にあったと思われる。経済面では国の基幹産業ともいえる製糖業をはじめ、各種産業が盛んになるにつれ深刻な人手不足に陥っていたハワイだが、その不足を補う「労働力の供給源」としても、日本に着目していた。このようにカラカウア国王にとっては、真っ先に自ら足を運ばなければならない、重要な国だった。

東京湾に入り、富士山の絶景に感動した国王だったが日本の土を踏むと、さらに感極まることになる。

皇室の楽隊が、国王自ら作詞したハワイ国歌を演奏してみせたのだ。その後、国王は極秘裏に明治天皇と接見。実は、これこそが、国王の訪日計画の核。

胸中にあった重要な秘策を、明治天皇に打ち明ける絶好の機会だった。

●国王が狙った仰天の縁組計画

カラカウア国王の秘策とは、両王家の間での縁組である。遡ること5年前。国王には、それはそれは可愛い姪が生まれていた。

絶世の美人として知られたカイウラニ

スコットランド出身の白人と、国王の妹にあたるリリウオカラニ王女との間に生まれたカイウラニだ。彼女は後世「絶世の美女」として世界中の注目を浴びることになる。国王は、この愛くるしい姪の結婚相手に相応しい日本の皇族男性がいるはずだ、と早くから考えていた。そして何年先でも良いから、その男性と挙式して欲しいと願っていたのだ。

王女の婿候補・東伏見宮依仁親王

国王が提案した花婿候補は伏見宮邦家《くにいえ》親王の子で1867（慶応3）年生まれ、実兄・山階宮晃《やましなのみやあきら》親王の養子になっていた定麿《さだまろ》王（東伏見宮依仁《よりひと》親王）だ。カイウラニより9歳年長であった。当時は海軍兵学校の生徒だった。カラカウア国王は、近代国家への階段を着々と上る日本と〝血〟で繋がることによって、どんな軍事同盟よりも強固な絆を結ぼうとしていたのだ。

しかし、この縁談は「国力に十分な余力がない」と判断した日本側からの丁重な断りが入り、幻のプランとなってしまった。それでも日本とハワイの両国には、王室同士の付き合いを頂点とした友情が芽生えたのだった。

●対米外交の突破口として期待された日本

ところで、なぜカラカウア国王は、日本との国家を挙げた縁談を考えたのだろうか？

そこには当時のハワイが置かれていた、難しい状況があった。

先にハワイとアメリカで互恵条約を結んだと書いたが、これはハワイにとっては不利な内容で、アメリカの王国への領土的野心がむき出しになったものだった。すでに宣教師団の派遣などを通じ、アメリカの影響力はハワイの至るところに根付いており、資本や労働力といった経済的な部分でも侵食が進んでいた。

やがて、当然の流れとしてハワイの民衆は幅を利かせるアメリカ人を嫌うようになり、反米思想を抱いていくのだが、同時に日本人や中国人の入植者も増加していた。

アメリカはここで反米的な風潮を和らげようと、プロパガンダを展開する。「黄禍論」に乗って「日本人や中国人は危ない」ということを、ハワイで盛んに訴えたのだ。

確かに、当時のアメリカ西海岸では、大挙して入植した中国人や日本人と現地人の間で、様々な軋轢が起こり治安が悪化していた。「そうした事態がハワイでも起こりますよ」と、王室を中心にキャンペーンを張ったのである。

ハワイ王家は、そんなアメリカの腹を察知していた。だから安易に「黄禍論」には与せず、むしろ強大化し続けるアメリカの影響力に危機感を抱いていた。

こうした状況の中で、迅速な近代化を展開していたアジアの島国・日本が、よき提携相手になるのでは、とハワイ王家は考えたのだった。

そして日本との縁談が〝破談〟して以降、カラカウア国王やハワイ王家の人々、それにハワイ民衆の危惧は次第に現実味を帯びていくようになる。

1887（明治20）年。イギリスのヴィクトリア女王即位50周年記念式典に、当時のハワイ

東郷平八郎が艦長を務めたことでも知られる戦艦・浪速

王妃カピオラニと、王女リディアが参列、直後にアメリカでクリーブランド大統領夫妻と会見したあたりから、ハワイの将来に暗雲が立ち込める。ハワイのアメリカ人社会が、王権の弱体化を狙って、新憲法「ベイオネット憲法」を押し付けてきたのだ。

●最後まで王家の立場を尊重した日本

ここから事態は一気に加速する。日清戦争の足音が大きくなり始めていた1891（明治24）年には、渡米中のカラカウア王がカリフォルニアで急死。国王の妹リリウオカラニが女王に即位すると、閣僚人事や新憲法発布といった政治的難題が続発する。

これを、自国に有利な政権を樹立する革命の好機と捉えたアメリカは、駐ハワイ公使の要請で海兵隊を上陸させる。国王の死から3年後、ハワイでは王政打倒を旗印にしたサンフォード・ドールを首班とした臨時政府が発足した。もちろんアメリカ肝煎りの政権だ。

この混乱に、友好国・日本は巡洋艦「浪速」を派遣。艦長は、あの東郷平八郎だ。

当時のアメリカはハワイ臨時政府を国際社会で認めさせようと躍起になっていたのだが、日本やイギリスは慎重姿勢を見せていた。「浪速」派遣は、表面的には「ハワイ居留邦人の保護」だったが、その実は臨時政府の動向を監視するためだった。

だから東郷艦長が示した方針も「内政干渉は絶対にしない」であり、乗員への訓示も「日本人の財産や生命が脅かされるような事態があれば、断固とした行動を取る」というものだった。

つまりハワイやハワイ王家が不利になるような行動を、日本は取らなかったのだ。

アメリカとハワイの合併が目前に迫った中でのこの動きは、日本が終始一貫して「親ハワイ派」であったことを示している。日本政府はアメリカに「合併反対」を訴え続けていたのだ。

その後のハワイは、1895（明治28）年に王党派が武力決起するも鎮圧され、女王は逮捕・幽閉。廃位宣言にサインさせられた挙句、重労働5年という有罪判決まで受けてしまう。翌年には釈放されるが、王党派の勢いを削ぎ切るには十分な手段と時間であった。1898（明治31）年、ついにハワイはアメリカ合衆国の準州とされてしまうのだった。

明治の逸話 其の23

【どうしても兵役に行きたくない！】

呆れた徴兵検査逃れテクニック

●抜け穴ばかりの初期徴兵制度

明治時代の近代国家建設における重要なキーワードが「富国強兵」だ。

このうち、後者の「強兵」を支えるのが徴兵制度である。維新動乱の直後こそ、新たに士族身分とされた旧武士階級も多く「庶民に何ができる」という風潮も少なからずあった。しかし政府は様々な身分制度改革で士族の特権を剥奪する一方で、彼らに代わって国防を担う人材を、その頼りない庶民から調達しなければならなかった。

だから徴兵制度は、政府が打ち出した新制度の中でも、かなり早い段階でお目見えしている。

1872（明治5）年、間もなく太陽暦が導入されようという時であった。この年は、岩倉具視を全権大使とする使節団が欧米を視察している間、留守を預かる西郷隆盛ら「留守政府」が、矢継ぎ早に新制度を採用していた時期にあたる。

言うまでもなく、徴兵とは国民を兵士として徴用すること。勘違いされることもあるが、これは「健康な成人男性の全員が兵隊になる」という仕組みではない。その場合はスイスが採用している「国民皆兵」制度となる。

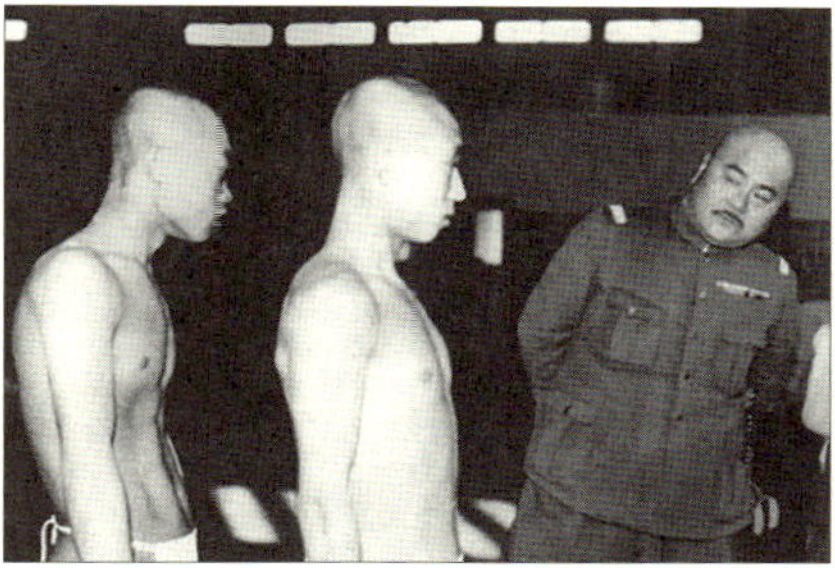

徴兵検査に臨む青年を鋭い眼光で追う大日本帝国軍人

明治の日本が採用したのは、現代の裁判員制度と根本的には同じシステムだ。

裁判員制度では、裁判員になる候補者のリストがあり、そこからランダムに決まった人数にご指名が下る。だから裁判員になれる資格を持っていても、抽選から漏れて裁判員にならずに終わる人もいる。このときの徴兵制度もそうで、兵隊として適格だとされている者の中から、任意に選び出されて召集される。

徴兵には年齢の上限もあったから、その年齢まで達しても徴兵されずに終わる人もいたのだ。最初は官吏、専門的な学問を学んでいる者、戸主や跡継ぎ、代人料の270円を国に支払った者に、兵役が免除された。

国防の根幹を成す徴兵制度が順調に機能すれば、「国民軍」

がほどなく誕生することになる。ところが、政府要人が思うようには捗らなかった。

徴兵制度導入から約3年後の1876（明治9）年では、徴兵検査対象者の75パーセントが兵役を免除されるという〝異常事態〟であった。

つまり、徴兵制度は忌避されていたのである。

徴兵令を国民に知らせる太政官布告に「血税」の文字が躍ったのもまずかった。文字通り「生き血」を税金として搾り取られると勘違いした主に西日本の農民たちが、各地で「血税一揆」を起こしてしまうのだ。

●合法的に兵役逃れをする方法

その徴兵制度で構成された「国民軍」には、食い詰めた家の次男や三男が多く集まっていた。なるべく平等に、薄く、広く集めようとしたのに、出身層が偏ってしまったのには理由がある。兵役を回避しようにも国に納めるお金はないし、軍隊に入れば食いっぱぐれはない――そう考えた彼らが、主要な兵士の供給源となっていたのだ。とはいえ、右のような理由で入営しているから、彼らのハングリー精神は相当なものだった。おかげで草創期の日本軍の士気は、意外に高かったとされている。

それでも国としては、やはり薄く、広く、全国から兵士を徴募しなければならない。ここから国と庶民の知恵比べ、イタチごっこが始まるのだ。

必ず抽選に外れるという保証はないから、いつ自分が選ばれるのか、戦々恐々として時を過ごす男性は多かった。そこで出てくるのが徴兵回避のためのテクニック。うまく法律の抜け穴を利用した事例もあれば、眉唾ものの迷信もあった。うまくいった方策は、たちまち全国に飛び火して流行したという。

日清戦争における日本陸軍の一斉射撃。モチベーションは高かった

よくあったケースは、長男、つまり跡継ぎや戸主となり免除規定の枠に滑り込もうというもの。すでにあった戸籍制度を使い、戸籍を合法的に操作するのだ。方法は簡単で分家して戸主になったり、跡取りがいない家に頼み込み、養子にしてもらうだけ。たったこれだけで徴兵が回避できるのだから、戸主や跡取りが全国で一気に増えた。その結果、長らく断絶していた家の〝再興〟も相次いだというから笑ってしまう。

さらに「戸主が60歳以上であれば、その家にいる養嗣子は兵役免除」という規定もあったので、にわかに老人に人気が集中。老人の名義を売買する不埒者まで現れた。

制度導入翌年の１８７３（明治６）年には、「朝鮮征伐には20歳の壮丁男子が徴発される、しかし妻帯者は除外」という噂が全国で広まり、兵役を回避するために駆け込みで偽装結婚する者が相次いだ。

その方法は何とも乱暴で、どうせ書類上だけのことだからと、適齢期の娘が近くにいなければ、何と２〜３歳の妻を娶る20歳の男性が続出したのだ。

このように巧妙に徴兵逃れを繰り返す庶民に対し、政府は１８７９（明治12）年、分家ぐらいで兵役から逃げられてたまるか、とばかりに制度を改正する。

これでたとえ長男でも、父親が50歳未満なら兵役から逃れられなくなった。

長男の旨味を消されてしまった庶民は、すぐさま知恵を絞り出した。全国で戸籍の訂正届の提出が相次いだのだ。すなわち、父や養父の年齢をカサ増しして50歳以上だと偽り、何とか免除規定の枠内に転がり込もうとしたのだ。

しかし、最終的には１８８９（明治22）年に「いい加減に国民も徴兵に慣れただろう」とばかりに免除規定はすべて撤廃！　官民のイタチごっこはここに終焉した。

●おまじないでも何でも試した！

合法的な戸籍操作以外にも、徴兵を逃れるために庶民たちは涙ぐましい努力をした。

あまりにも軍隊に行きたくないがあまりに、精神世界に頼る傾向もあった。

「南無阿弥陀仏」の名号札を１０００枚書いて祈念するという、いかにもご利益がありそうな方法はまだしも、「受検当日に女性用の腰巻を懐中に巻くと検査に落ちる」、「33歳になる女性の陰毛を3本抜き、新しい汗襦袢の襟に縫い込んで受検すると落ちる」といった都市伝説レベルのテクニックも口コミで流行した。

こうした「徴兵逃れグッズ」はまだまだある。

「尻に牛肉を挟む」という奇想天外な方法がそれだ。「痔になった」と主張し、健康に難ありということで落としてもらおうとしたのだろうが、さすがにバレただろう。

周囲の助けがないとできなかった方法が、「本人には知らせず、四十九日の供物を受検日の朝に焼いて食べさせる」というもの。罰当たりなことをして、不浄な体にすれば落ちるだろう、という考えだ。まるで試験前にあらゆるゲンを担ぐ受験生のようだ。

●卑怯なり！　兵役逃れビジネス

こうした、まさしく藁をも掴む庶民を食い物にするビジネスもあった。

当時の新聞に眉唾ものな新商売として紹介されていたのが、「徴兵鑑定」。鑑定人が受検の当否を事前に鑑定するというものだが、根拠も何もないハッタリである。単なる気休めにしかならないのに、鑑定料を払った庶民が哀れである。

徴兵制度開始から3年目の1874（明治7）年には台湾出兵があり、国内では不平士族の反乱が始まる。

同年2月の佐賀の乱から1877（明治10）年に終結する西南戦争に至る過程で、武芸の嗜みがない庶民でも立派に軍隊として運用できることが立証され、逆に農民たち主体の軍隊に一敗地にまみれた士族たちは兵士としての存在意義を失っていく。

1878（明治11）年には陸軍の改組で「参謀本部」が設置され、統帥権が政府の手を離れることに。徴兵試験を巡り官民がある意味、牧歌的な争いを繰り広げた時代は終わり、近代的な国民軍による総力戦の時代が幕を開けたのである。

明治の逸話 其の24

【銀行・保険・郵便貯金事始め】

金融サービスはどう始まった？

●渋沢栄一が生涯をかけた「国立銀行」事業

明治時代の初期、政府が特に急ピッチで整備を進めた分野がある。それは、我々が日常生活で当たり前のように使っている「金融システム」である。

当時、政府内の国の舵取りを担う人々の間で一致していた願いは、日本の「富国強兵」だった。実現のためには国内の産業を素早く振興・育成する必要があり、その血液たる資本を近代的な金融システムで流通させなければならなかった。だから、憲法や議会よりも確立が急務とされたのだ。

とはいえ、維新を迎える前から日本には貨幣経済が浸透していたし、金融機関としては江戸時代から「両替商」が存在していた。こうした仕組みに少し手を加えれば、近代資本主義に移

渋沢栄一

行できるのではないか？　と考えてしまう。しかし、事がそう簡単ではなかったのは、ある人物の事績を追えば明らかだ。
　それは、現代に至る日本経済の根幹を整備した大立者・渋沢栄一。生涯で立ち上げた会社は数知れず、創立や運営に関わった企業もまた、数知れず。もともとは過激な尊皇攘夷の志士から幕臣に転身した経歴を持ち、1867（慶応3）年には徳川昭武《あきたけ》に随行してヨーロッパに遊学した過去を持っている。
　やがて、ともに幕末維新期を駆け抜けた志士たちは、明治政府の要職に就任する。だから大隈重信から1869（明治2）年に政界入りを打診されたのは自然の流れだった。渋沢はすでに「日本にも株式会社を取り入れたい、ビジネスマンとして身を立てたい」という夢を抱いていたのだが、大隈の熱意に押されて政界に身を投じることに。
　渋沢は経済分野の見識の高さを評価され、今でいう財務省の主税局長のような立場に。2年後の1871（明治4）年、国家財政を与る大蔵卿・大久保利通が外遊に出た。するとナンバー2の大蔵大輔・井上馨をサポートする立場の大蔵大丞《たいじょう》だった渋沢は、さらに重い責務を担う。「富国強兵」に邁進《まいしん》する政府が掲げる緊急課題の多くは、インフラ整備と興業だったが、これらを可能にする金融制度や金融機関もまた、重要視されるようになっていく。これが渋沢も関わった「国立銀行条例」に繋がるのだ。

しかし1873（明治6）年。征韓論に端を発した政変や、外務省と大蔵省の対立に嫌気が差したのか、渋沢は政府を去る。

政界を離れて最初にまとった肩書は、「第一国立銀行」の初代頭取。自らの手で資本主義社会の土台作りをすることになったのだ。

ところで「国立」とあるから「国が資本を出して国が運営している国策銀行」というイメージがあるが、同行は少なくとも形式上は立派な民間企業だ。

民間とはいえ国策銀行だから、主な収益源は公金の取り扱い。まだ近代的な企業は少なく、庶民に「預貯金」という行為が根付くのは日露戦争の頃を待たねばならないから、仕方ないことだった。

渋沢は、「第一」の現状に満足しなかった。きちんと中央銀行も作るべきだ、と考えた渋沢の主導で「日本銀行」が設立されると、「第一」で扱っていた公金はどんどん日銀に明け渡していった。その代わりに商人や中小企業などへの融資にも進出して、民間銀行としての体裁を着実に整えていった。

その後、渋沢は実に1916（大正5）年まで、「第一」の頭取で在り続けた。その職を辞するのと同時に、実業界から完全に引退。つまり渋沢にとっては生涯をかけて育んできた会社こそが「第一」だったのだろう。「第一」の運営が軌道に乗ると、銀行という業態に対する不安の声は一掃され、やがて全国各地に「第○」を冠した国立銀行が続々と誕生することになる。篤実な渋沢流の経営で手本を見せたからこそ、日本に資本主義経済がより早く根付いたのだといっても過言ではない。

渋沢栄一が執念を燃やした国立銀行・第一国立銀行

●メリットと説いて回らねばならなかった「郵便貯金」

先ほど「庶民に『預貯金』という行為が根付くのは日露戦争の頃を待たねばならない」と書いた。やはり、新しい知識・知見を得られた実業界人に比べ、一般の庶民は近代的資本主義への理解が遅れてしまっていた。

庶民にとっては「銀行」という単語も初めて耳にするし、そこで行われている経済活動の何が凄くて何が便利なのか、皆目見当もつかなかった。家計簿の項目に「預貯金」が存在する家庭などごく一部。日本人が預貯金に勤しむ国民性を身に付けるのは、政府が戦費調達のために

「貯金は焼けぬ」などとキャンペーンを張りだしてからのことだ。

だから郵政当局が「郵便事業」のみならず「郵便貯金事業」、今で言う「ゆうちょ」に手を伸ばした明治初期、その成果は惨憺たるものだった。

物流が発達し商取引が活発になると、送金手段としての為替は重宝されたのだが、「貯金」については閑古鳥が鳴いていた。「日本郵便の父」として知られる前島密《まえじまひそか》は、当代一流の知識人として知られた浄土真宗の僧侶・島地黙雷《しまじもくらい》に相談したが「日本人の気質に合わない」とさじを投げられてしまった。

金利が低いと批判されればボーナスを付けてみたり、公務員に一定額を強制的に貯金させたりと努力してみても、なかなか実績が上向かなかったというから、当時の勧誘員たちの苦労が偲ばれる。

ならばと始まったのが子どもへの啓蒙活動である。考えが固まらない小学生のうちから、現代風に言えば「貯蓄による老後の安心」を説いて回るなど、地道な努力を続けた。その甲斐あってか、「限度額がない」「全国どこにでもある郵便局で取り扱いできる」といったサービスや利便性が理解されるようになったのだった。

その後は世界一の残高を誇るようになり、ついには巨大化し過ぎて民営化されたのは周知の通り。その「郵便貯金」も、草創期は見向きもされていなかったのだから驚きである。

●「生命保険」黎明期

預貯金と並んで日本人に縁がある金融商品・サービスといえば「生命保険」もそうだろう。システムそのものは、福沢諭吉が初めて日本に紹介したとされている。現在に通じる近代的な生命保険の形を取り入れた会社設立という点では、その福沢が1881（明治14）年に設立した「明治生命」が第1号なのだが、実際に保険会社を設立したとなると第2号になる。
「明治」前年に設立された、その栄誉ある最初の会社の名は「共済五百名社」。不測の事態に備えるための互助組織が必要だと考えた関西実業界の雄・安田善次郎の肝煎りで設立された会社だ。

加盟する出資者たちの金（創業時6円、以後は月2円）を積み立て、死亡者が出たら1000円の香典などを出すという仕組みで、江戸時代以前からある「講」と仕組みは変わらない。積立を3回怠れば除名という決まりもあった。

安田は知識として持っていた保険数理をそのまま採用はしなかった。というのも、まったく新しい保険数理を持ち出しても理解を得られる可能性は少なく、だったらみんなが理解しやすい「互助会」方式で船出して、保険数理が受け入れられる時代を待とうと考えたのだ。

案の定、雨後の筍よろしく全国各地に類似の組織が出来上がる。しかしそれらの多くは短期で解散してしまった。「五百名社」に参加するのは名だたる富裕層がほとんど。資金的に余裕があったのに対し、後発の類似組織にはそれがなかった。評判と流行に乗っただけの詐欺犯罪もあった。

社名の由来は、最初の出資者が５００名だったことなのだが、その第1号契約者は山岡鉄舟。これが後に「共済生命保険株式会社」へと発展し、「安田生命保険」と改称され、運命の導きとしか思えないのだが、先に出た「明治生命保険」と合併して現在は「明治安田生命保険」となっている。

この「生命保険」という仕組みも、日清・日露戦争を通じて「実際に給付金が下りた」という実績が積み重なったことで、明治後期になってようやく庶民たちに意義が理解されるのである。

【第四章】あの明治人の意外な素顔

明治の逸話 其の25

【新聞によって捏造された極悪伝説】

高橋お伝は毒婦ではなかった

●難病の夫を手厚く看病した

病気への無理解や誤解が原因となって、昭和に入るまで隔離すべき存在として世間から忌み嫌われていた病気の一つがハンセン病だ。人里から遠く離れた地に建てられた療養施設が、今も日本各地に残されており、歴史の爪痕を感じさせてくれる。

この難病に罹った夫を、看病疲れなどから殺し逃亡したとされるのが高橋お伝。1876（明治9）年には、悪事を働きながらたどり着いた東京・浅草の旅館で、古着屋店主を騙して殺害し所持金を奪ってまた逃走。京橋で間もなく逮捕された。稀代の〝毒婦〟として世間を騒がせた彼女は、3年後に斬首された。

ところが、このお伝、毒婦としてさんざん喧伝されてきたが、実のところ罪を問われたのは古着屋店主を殺害した一件のみ。前段にあって彼女の人生を暗転させた「夫殺し」などはフィクションなのである。

では、本当のお伝は、どのような軌跡を辿ったのだろうか。伝説と対比させながら、見ていこう。彼女は上野国（現在の群馬県）生まれとされているが、実際は東京・上野の生まれ。男関係が派手だったのは事実らしいが、それでも1867（慶応3）年には結婚。お伝は1850（嘉永3）年生まれとされているから、これが正しいとすれば17歳で嫁いだことになる。夫がハンセン病に罹ったのは事実だが、毒殺などせず、逆に手厚い看病を続けていたらしい。

〝毒婦〟と呼ばれた高橋お伝

しかし苦しい生活から逃れるためか、しだいに博打を覚え、家の外に安らげる存在を求めることになる。早い話が、不倫に走ったのだ。

病身の夫を抱えたまま恋仲になった男は、博打好きなヤクザ者。当然だが生活はますます困窮していく。切羽詰まったお伝は横浜へ飛び、売春で生活費と治療費を稼いでいたが、間もなく夫と死別してしまう。これは彼女による謀殺ではなく、病気の進行によるものだ。

借金まみれだったお伝は東京に帰り、今度は商人の妾に収まることに。やっと生活が安定するかと思いきや、ほどなくこの商家から姿を消して別の男と同棲をスタート。

ところが、この男には生活力がまるでなかった。そこで仕方なく売春を再開したが、相変わらず借金に追われる毎日が続く。ここまでで、いわゆる〝だめんず好き〟な女性像が見えてくる。

さて、借金返済のあてがなく途方に暮れたお伝。売春の常連客だったと思われる古着屋の店主を頼ろうと思い立つ。あれだけ贔屓してくれているのだから、少々の頼みは快く引き受けてくれるに違いない――そんな虫の良い思い込みも手伝っていたのだろう。

ところが借金の申し込みに対し、予想していたほど快い返事が返ってこない。思い余ったお伝は、呼び出したその旅館で古着屋店主を殺害してしまった。

俗説ではこれが「計画的な犯行」ということになっており、それが夫の計画的な毒殺とセットになって〝毒婦伝説〟を形成しているのだが、当時の警察は彼女のこの時の行動に計画性を認めていない。あくまでも「カッとなった勢い」で殺したという判断になっている。偶発的な殺人の罪で逮捕されているのである。

●過熱報道が毒婦伝説を産み落とした

ではなぜ、お伝は〝毒婦〟として知られるようになったのだろうか。

それは当時の新聞報道によるところが大きかった。

明治初期は、近代的な新聞が日本に生まれて数年という段階であり、現在のような報道のルールや規制が明確にあるわけではなかった。各社とも苛烈な読者獲得競争を演じており、その武器として、読者の耳目を集める様々なスキャンダルを掲載していた。

好色で、さらに波乱万丈の人生を歩む女性となれば、まさしく格好の素材。そこで庶民向けに娯楽要素を強めた「小新聞」が中心となり、お伝の事件について面白おかしく報じていったのだ。

どれだけ注目を集めた事件だったかといえば、お伝の処刑からわずか一カ月後に、仮名垣魯文が『高橋阿伝夜叉譚《たかはしおでんやしゃものがたり》』を著したことにも表れている。これは後に〝毒婦〟として喧伝されるベースとなった小説だが、それをさらに脚色した歌舞伎『綴合於伝仮名書《とじあわせおでんのかながき》』などが立て続けに上演されたものだからたまらない。

こうした芝居も大好評で、いつしか人々の間に事実として広まり、誤解されたまま定着していったのだ。誇張された人物像が独り歩きしたものだが、その元ネタは事件を報じた当時の新聞だったというのは、現代でもたまに見られる光景。これが明治初期にはすでに起きていたのだから恐れ入る。

一説には、国内で斬首された最後の罪人がお伝だったというが、こうして尾ひれがついた話が定着した裏には、もう一つの重大な事実が大きく関係しているだろう。

稀代の淫女として学術的に興味を持たれたお伝、何と刑死した後に「調査研究用」として陰部を切り取られてしまったという。警視庁で解剖され、ホルマリン漬けにされたお伝の陰部は現在の東京大学法医学部で長く保存されていたが、戦後の行方は知れない。

彼女の墓は2カ所あるのだが、その一つは大ヒット作品のモデルになったお伝への返礼として、仮名垣魯文や歌舞伎界の5代目尾上菊五郎、落語界の三遊亭圓朝などが寄付金を出し合って東京・谷中霊園に建立したものだ。

明治の逸話 其の26

【獅子身中の虫との争い】

伊藤博文が戦った最大の難敵

●最大の難敵は政界の外にいた

伊藤博文といえば、明治時代を代表する歴史的な偉人である。

かつては1000円札に肖像画が描かれており、その遠くを見るような目つきと長く伸びた髭、ホクロがある頬は日本人にとって馴染み深い顔である。そんな伊藤の人生を簡単に振り返ると、まずは幕末の動乱期に故郷・長州藩で吉田松陰の松下村塾に入門する。

年齢的なこともあって末期の塾生だったが、それでも幕末回天の原動力となった場所に居合わせたことは幸運だった。やがて志士としての活動を開始し、奇兵隊への入隊、暗殺事件への関与、海外への密航など壮烈な青春時代を送った。

明治維新が成ると、「維新三傑」のひとり木戸孝允の第一の子分として頭角を現す。また、

初代内閣総理大臣・伊藤博文

遺欧使節団の一員としての外遊中には、当時の新政府を動かしていた大久保利通にも気に入られ、着々と政治家としての後ろ盾を得ていく。

維新三傑の死去後は元老の筆頭格として、まさしく政界を牛耳って大日本帝国憲法を作り上げ、初代・内閣総理大臣として議院内閣制度も発足させた。まさに栄光に満ちたキャリアを送った政治家である。

実は、その伊藤が明治期を通して対応に苦慮していた問題が「宮中」対策であった。

宮中とは文字通り、大帝がおわす宮殿である。ここでは、そこで宮仕えする侍従などの職にある人々を指す。かつての公家社会の伝統を明治時代に持ち込んでいた彼らは、公家特有の政治的なテクニックを駆使して、新時代にも一大勢力として根を張ろうと腐心していた。

天皇の側近たちは、常に天皇の近くにいることが仕事だ。日常的に接する中で、自分たちに有利な情報を耳に入れ、敵となる政治家の悪評を吹き込むことができたのだ。

伊藤は宮中を聖域とは見なさず、内閣が定めた閣僚が運営する「一官庁」とすることを目指していた。この開明的な政策は宮中の勢力にとって脅威であり、彼らは天皇への影響力を最大限に利用して、伊藤を遠ざけようと画策する。

●「北風と太陽」で封じ込め

伊藤が目指した大日本帝国は、万世一系の天皇が統治する立憲君主国家である。大権を有する天皇と事実上の最高指導者である内閣総理大臣は、常に密に連絡を取れなければならない。しかし宮中勢力が跋扈していた間は、天皇の裁可が予定通りに得られなかったり、政治日程を反故にされるなど国益を損なう事態が続発していた。

何より政界を牽引する立場になった伊藤は、明治天皇から信用を得られていなかった。宮中の勢力による「耳打ち作戦」が功を奏していたのだ。

そこで伊藤は一計を案じる。彼らを排除するのではなく、利用することで天皇と謁見する機会を増やそうと考えたのである。頻繁に参内するうちに、宮中勢力は伊藤が自分たちの影響下にあると錯覚した。さらに伊藤と直接の対話を繰り返した明治天皇は、それまでの誤解を解き、彼に絶大な信頼を寄せるようになる。

明治天皇は無論のこと、宮中の信頼まで勝ち得た伊藤は、するすると宮中改革を推し進めていく。1884（明治17）年、伊藤は国会開設にあたり、華族令を制定。これまで旧公家・大名のみだった華族に、明治維新の功労者を加え、五つの爵を分けて再編した。これに先立って宮中を管理する宮内大臣を閣外に置き、自身が兼任してみせた。天皇と内閣のパイプは明確化、宮中の勢力が「耳打ち作戦」などを差し挟む余地はなくなっていた。

いつの間にか外堀から内堀まで埋まっていたのである。

●とばっちりで暗殺される

こうして近代日本の礎を築いた伊藤が、晩年に取り組んだのが韓国の併合問題だ。日清・日露戦争を経ても、依然として政界屈指の実力者だった彼は、韓国併合については慎重な立場だった。ところが、同じ長州閥の桂太郎、山県有朋、寺内正毅といった推進派に押し切られる形で、併合が決まってしまう。さすがの伊藤の政治力にも陰りが見えるが、ここからが伊藤らしい。

どうせ併合するなら、できるだけ穏便に現地住民の風習・心理を尊重しながら併合政策を進めたいと考えたのだ。その表れが、自ら韓国の初代統監に就任することだった。１９０５（明治38）年に結ばれた第二次日韓協約によって、日本の保護国となった大韓帝国には統監府が設置されたが、自らがそこに居座れば、推進派も下手な手出しはしないだろうと考えたのだ。

いわば国内急進派への自制を促す緩衝材となろうとしたわけで、韓国にとっては願ってもいない人材が赴任したことになる。しかし一部には、「日本政界の実力者が植民地支配の足がかりを築くため、自ら乗り込んできた」と勘違いする向きがあり、これが悲劇を生む。

1909（明治42）年、ロシアの大蔵大臣と会談するために向かったハルビンで、伊藤は汽車を降りたところを、朝鮮の民族運動家・安重根に銃撃され非業の死を遂げたのだ。

この事件を契機に、日本国内の世論は一気に推進派へと傾いてしまう。これを追い風とした推進派はますます強硬姿勢を強め、伊藤存命時は、中国における租借時代の香港のような「1国2制度」のプランが最右翼だったのが、同化政策が急速に台頭することになる。

明治の逸話 其の27

【開明的なイメージとは裏腹に】

明治天皇の意外な一面

●実は保守的な性格

日本が近代化を押し進める明治という時代にあって、大帝として君臨した明治天皇。その治世下で日本の文明開化が一気に進んだことから、明治天皇も時代に即した開明的で先進的な人物だったと、どうしても考えがち。

ところが、そうした印象とは違い、天皇はかなり保守的な人物だった。

例えば、改元してもしばらくは髪型や服装を西洋風にしなかったほどで、珍奇な新技術にも積極的に親しもうとはしていなかった。その好例が、明治中期に新造された宮殿内の設備だ。

1888（明治21）年に完成した宮殿は、当然のように施設内全域で電気の使用が可能だった。ところが明治天皇は電気がお嫌い。「漏電を原因とした火事が発生する恐れがある」との口実を設けて、執務室ではベルギー製の燭台を使って蝋燭を灯していたのだ。

電気に限らず、新技術全般があまり好みではなかったようで、写真撮影もあれこれ理由を付けては避けていた。「御真影」は写真だと思われているが厳密には違い、西郷隆盛の肖像や10円札の神功皇后を描いた、お雇い絵師のエドアルド・キヨッソーネが描いた絵を撮影したものだ。モデルになることを渋る天皇を側近が説得して、キヨッソーネに拝写させたものを原画として作られたものだが、天皇自身も気に入ったため、御真影として広く配布されたという経緯がある。

現在、明治天皇が開明的なイメージを持たれているのは、政府が採る欧化政策や近代化路線を否定しなかったからだろう。国の発展のために必要なものに対しては、ご自身の好みとは分けて判断ができる、合理的な精神がそうさせたのだろう。

キヨッソーネが描いた明治天皇

●大帝は意外とお茶目？

天皇として臣下や庶民の尊崇を集め、孫である昭和天皇からも「規範とすべき人物」として敬われていた明治天皇。その指導者としての資質は「大帝」

として欧米諸国でも評価されており、いかにも「厳格な父親」タイプの人物だったように思える。ところが意外と気さくな一面も持ち合わせていた。

明治天皇はお花見が大好きだった。それも自分が桜を見るより、周囲に桜を楽しんでもらおうと考えるタイプだった。宮中から滅多に出られなかった天皇は、花見をするにも臣下に花見をさせて、後で様子を聞くということが多かったのだ。

1900（明治33）年、全国知事会に合わせて「桜狩」を考案したときは、馬で桜の名所・東京郊外の小金井に遠乗りするというプランを自ら練った。乗馬の得手不得手もあるので皇室所有の馬を各人の能力に合わせて貸し出し、出発時間から目的地への到着予定時間、現地出発時間や帰ってきた後の立食パーティまで綿密に計画。

何と往復の途中でトイレ休憩時間を挟んでいたのだから恐れ入る。とはいえ、酔っ払った帰りも乗馬だから珍事が続発。当時の新聞にも面白おかしく書かれたが、軍人上がりで乗馬経験もある知事騎乗の馬が暴れ出して「助けてくれ」と叫んだり、西郷従道内務大臣が、酔った勢いで他人の馬にムチを当てて、その慌てる様子を見て大笑いしたり、よろめいて走っていたおかげで、ぬかるみに馬の足がはまって尻から落馬し、「シルクハットの眉庇深く泥を刎ねかけたるも興深し」と書かれた知事もいた。

明治天皇は秋になると好きな鴨猟に勤しんだが、時が経つと、これも花見と同じく臣下を代理に立てて狩りの様子を聞くだけに。ところがある年、皇居敷地内に急増していたカラスを駆除する、趣味と実益を兼ねた「悪鳥狩」を思い立ち、供の成績を競わせて葡萄酒を振る舞うなどイベントじみた仕掛けをしたこともあった。意外と「お祭り男」だったのだ。

気配りといえば、次のようなエピソードも興味深い。

当時の宮殿内は天皇の「おひる（起床）」とともに各部署の仕事が始まり「御格子（就寝）」とともに勤務時間が終了するという決まりがあった。だから自分の生活リズムに合わせて動く周囲を慮って、明治天皇自ら率先して、毎日同じ時刻に起床して食事時間も変えず、同じ時刻に就寝するという生活を営んでいたのだ。これを何十年も続けたのだから、自分を律することにも厳しい性格だった。

●少年たちにとっての天皇皇后両陛下

当時、学習院の生徒である一方で、小姓として宮中での仕事も持っていた侍従職出仕の少年たち。彼らにとっての天皇皇后両陛下は、厳しくも優しい父母代わりであった。

皇后は現代のお受験ママのように学力に口うるさかったが、明治天皇は逆に「体力と健康が重要だ」と言っていたという。1日おきに通学と仕事を交互にこなしていた少年たちは、学校で勉強する時間が満足に取れない。そこで早朝補講を受けていたのだが、勉強を重んじる皇后は、さらに本格的な学力試験を思い立つ。

皇后の気持ちも理解できるが、少年たちの負担も減らしてあげたい。そう考えた天皇は、試験の中止を皇后に求めない代わりに、少年たちにも「本は蝋燭で見えるところまで読めばよい」と、無理して夜遅くまで勉強しなくていい、との言葉を授けたのだった。こうした愛情のおかげか、試験の成績は上々。両陛下から褒美を与えられたが、天皇は玩具が多く皇后は辞書や分厚い本が多かったという。

明治の逸話 其の28

【日本のために私心を捨てた】

良心のお雇い外国人 モレル

●母国より日本の立場を尊重

明治初期、国の近代化を急務とする新政府は、手っ取り早く技術や知識を吸収するために、欧米各国から数多くの専門家を招聘した。俗に「お雇い外国人」と呼ばれる人たちだ。

彼らは国籍から思想信条、日本への考え方まで十人十色だったが、中には働くうちに日本が好きになってしまい、単なる仕事ではなく「日本のために尽くす」姿勢を見せてくれる者も多かった。

そのひとりが、本国・イギリスの意向をよそに、日本の将来のための方策を次々と打ち出し鉄道事業を推進したお雇い外国人、エドモンド・モレルだ。

彼は1840（天保11）年、ロンドン生まれ。30歳になる1870（明治3）年に来日した。

日本に尽くしたお雇い外国人・モレル

若い技術者だったが、すでにオーストラリアやニュージーランド、アジアではボルネオ島などで実地経験を積んでいた。当時の日本人に、彼に匹敵する鉄道知識を持つ者はいなかった。

当時の日本は慢性的な財政難に喘いでいた。どれもこれも急を要する案件ばかりなのに、実現させるための原資がない。限られた予算の中で妥協を重ね、なるべく計画に近いものを世に出すしかなかった。

鉄道事業も同じで、とにかくお金がない。そこでモレルは日本政府に進言する。「予算がないなら狭軌でなるべく延伸できるようにしよう」と。当初の計画では欧米ではスタンダードな「標準軌（広軌）」で鉄道を敷く予定だった。しかしこれだと思うように延伸できない。モレルは鉄道網を張り巡らせることを優先し、より少ない予算で距離を稼げる「狭軌」にするべきだと考えたのだ。そして鉄道の下に敷く枕木も、日本は森林大国なのだから輸入せず、国内の材木を充てて賄えば経費が削減できる、とも主張した。

ところがこれは、彼を派遣したイギリスの意に沿わないものだった。というのも、鉄道に必要な枕木はイギリスが輸出する計画だった。モレルは材木を日本に売りつける、いわば「紐付き」技術者だったわけだが、当の本人がその紐を切ってしまったのだ。

これだけでも、モレルが技術者としての良心や信念に基づき、日本のことを第一に考えて作業を進めていた様子が窺える。

●鉄道の夜明けを見られず

このようにモレルは、日本人が持つ技術力・知識量に応じて臨機応変に計画を作った。そればかりではなく、大隈重信を始めとした担当高官には、進言するたびに日本側の意向を確認するという配慮も忘れなかった。高圧的な態度ではなく、あくまでも対等な関係を保とうとする姿勢に、日本の政治家たちは感銘を受けた。

また、彼は日本人の数学・学識のレベルでもできる作業、例えば測量などには、積極的に日本人を登用している。さらには、伊藤博文にこんな意見書を送っている。

別に教導局を開き国家に大裨益あるは余が言を待たずして自明らかなり。且つ学術を教導し之を実地に施すこと総て非常の事に臨むの外欧羅巴人の手を仮らずして事を遂ぐるの時期至るべし。是に至らんには俊秀の少年を選挙し、学術を教導習熟せしめ、後年に至り銘々一事業を引受用意に遂る様処置するは極めて切要なりつまり将来、欧米人の手を借りずに事業が進められるように、優秀な少年を選りすぐって建築製造技術のノロハを叩き込む「教導局」なる機関の設立を進言しているのだ。

こうして日本のため、精力的に仕事を続けていたモレルだったが、激務が祟ったのか当時は死の病とされていた肺結核に冒されてしまう。もともと来日した時点で肺に難を抱えていたのだが、それが悪化してしまったのだ。

来日翌年の9月、ようやく鉄道の試運転が始まったばかりというタイミングで、モレルは30歳という若さで生涯を終えた。日本政府に休職を願い出て、彼の功績を評価した日本政府から療養費として5000円を下賜され、気候が穏やかなセイロン島への転地療養に向かおうとしていた矢先であった。

●モレルの妻に関する誤解と真実とは

さらに悲劇は続く。何とモレルの死から12時間後に、彼の妻も急死してしまうのだ。

横浜にある外国人墓地の埋葬地脇には、モレル夫妻が好んだとされる白梅が植えられ、夫婦愛を象徴する「連理の梅」として親しまれている。このモレルの墓は、鉄道記念物に指定されており、2009（平成21）年には新たに1本の梅が植樹されるなど、今も鉄道関係者や鉄道ファンから顕彰され続けている。

ところで後を追うようにして急死した妻だが、長らく日本で娶った日本人女性だと誤解されていた。有名なのは、大隈重信夫人の世話をしていた下女という説だが、事実は異なり、モレルは来日した時点で妻帯者だった。それは彼の渡航記録などからも明らかである。しかも21歳と若くして結婚しており、相手は5歳年下という幼妻だった。

それはさておき、モレルの死後、彼の遺志を継いだお雇い外国人リチャード・ボイルたちの奮闘や、日本人の目覚ましい成長もあって、日本は今日にいたる鉄道大国への道を歩むことになるのだ。

明治の逸話 其の29

【伝説の親分の意外な晩年】

事業に精を出した清水次郎長

●任侠道に生きる者の矜持

かつて時代劇や任侠ものが人気を博していた時代、題材として取り上げられることが多かった博徒の代表が清水次郎長《しみずのじろちょう》親分だ。赤城山を背景に、朗々と決め台詞を発する国定忠治《くにさだちゅうじ》は、幕末に活躍し維新を前にこの世を去った。しかし次郎長は生き延びて、伝説の親分として名を馳せながら、維新後は実業家としての手腕を発揮して、新時代に順応してみせた稀有な人物だ。

最初に彼の通り名について説明しておこう。「次郎」で「長」とは一体どういうことか？「清水」は、現在の静岡県清水市に拠点を構えていたから。

そして、次郎長の本名は山本長五郎。ここから通り名の末尾「長」がきている。決して一家の長とか、長男といった意味からではない。そして頭の「次郎」。これは父親の名前「次郎八」

に因んでいる。だから「次郎長」とは、「次郎八のせがれの長五郎」という意味であり、それを略して「次郎長」になったのだ。

山本長五郎こと清水次郎長は、幕末動乱の足音が忍び寄りつつある1820（文政3）年に生まれている。彼は船頭の息子として生まれたが、母方の叔父に子がない山本次郎八がおり、乞われて養子になった。15歳で養父と死別すると米穀問屋を継ぐことになったが、次郎長は博打や喧嘩にも精を出す荒くれ実業家だった。

ついには刃傷騒ぎを起こしてしまい、すでに結婚していた妻と離縁し、店を姉夫婦に譲って出奔することに。ここから諸国を行脚して力を蓄えた次郎長は故郷に舞い戻り、一家を構えることになるのだ。

泣く子も黙る清水次郎長

「清水次郎長一家」で次郎長は、大政や小政、森の石松といった、講談や小説、映画などで馴染み深い個性豊かな子分を擁し「海道一の大親分」と呼ばれるまでに勢力を拡大。さまざまな抗争劇は、これまた各種の文芸作品などで有名だ。

そんな次郎長の実力に目をつけたのが、時の権力者たちだ。幕末期には、新政府軍の「東征大総督府」から直々に、遠征軍が往来する東海道の街道警護役を拝受した。一見すると新政府軍に肩入れしているように見えるが、実はまったく違っていたことが、すぐに判明する。

というのも、街道警護役を引き受けた数カ月後。

幕府軍を率いる海軍副総裁・榎本武揚の脱走艦隊が品川から太平洋を北上する途上、嵐に見舞われた咸臨丸が清水港で修理をすることになったのだが、これを発見した新政府軍と交戦状態に入り、乗組員が死亡するという事件があった。この戦没者は「逆賊」ということで遺体を船上に放置されていたのだが、次郎長は小舟で咸臨丸に繰り出すと遺体を収容。向島まで運んで埋葬するのだ。

さすがに新政府軍からクレームが付けられたが、次郎長は「死者に官軍も賊軍もあるか」と一喝。任侠道を貫いてみせた。

維新後、これを聞いて感激したのが静岡藩大参事の地位にあった旧幕臣・山岡鉄舟。かの「江戸無血開城」の陰の立役者だ。同じく榎本も次郎長の男気に感じ入り、山岡・榎本と次郎長の間には、〝男気〟で結ばれた友情が生まれたのであった。

●実業家としてカムバック

維新を迎えた時、彼はすでに50歳になろうとしていた。老境に差し掛かっていた次郎長は、しだいに博徒の世界から身を引いていく。新しい時代に相応しく、新事業でもう一度、身を立てようと思ったからだ。

彼がまず着目したのは、当時は重要な輸出品目でもあり、地元・静岡の特産でもあったお茶。大規模な輸送ができるように清水港を整備すべきだと訴える一方で、自分でも横浜との定期航路を開拓し、会社を興した。さらに政界とのコネクションも利用して刑務所にいる受刑者を使った開墾事業を興したり、英語を教える私塾をスポンサードしたりと、幅広く事業を展開していく。

前述したように、もともと彼は、殖産事業や小売業などと関わりが深い生い立ちだ。短期間ながら実業家としても活動していたから、第二の人生への転身は、意外と簡単だったのかもしれない。

こうして実業家の端くれになった次郎長だが、博徒の本分は消え去ることがなかったのだろう。1884（明治17）年には、何と「賭博犯処分規則」違反で逮捕され懲役7年の実刑判決を受けてしまうのだ。

このように73歳で亡くなるまで波乱の生涯を生きた次郎長親分だが、彼が現在にまで及ぼしている、大きな影響がある。それは歴史の保存だ。

次郎長のみならず各地に散らばる任侠の大親分たちは、明治時代に入ると「朝敵」として蔑まれていた旧幕軍兵士たちを、堂々と慰霊していたのだ。「俺たちアウトローは政府の言いなりにはならないよ」という言い訳も成り立ったのだろうが、何よりも、国のために戦って死んだ者に区別をつけるのは、任侠道に反したからだ。

新政府としても、形式的にクレームを付けることはあっても、表立って対立はしなかった。次郎長の街道警護役のように、状況に応じて彼ら「裏社会」の実力や知名度を、利用できるところは利用してきた、という大きな負い目があるからだ。だから公的には禁止されていた旧幕軍の慰霊碑や墓地といったものが、この時代に博徒たちの手によって各地に建てられ、一次史料として今に残り、幕末維新期の研究材料として役立てられているのだ。

明治の逸話 其の30

【東京都議会副議長の任にあった】

政界に引きずり込まれた福沢諭吉

●政界とは無縁と思われるが

福沢諭吉は、明治時代の言論・教育界を代表する偉人だろう。功績が認められて1万円札の肖像画に採用されていることから、一般にも広い知名度を持つ。彼も、もともとは幕末維新期に新時代を切り拓くべく行動した志士の一員だ。

維新後はその学識と豊富な経験が買われて、新政府から何度となく助力を懇願されたが、当の本人は政治よりも事業で社会を支えることに強い関心を持っていたから、応じることはなかった。

福沢は幕末の動乱で支配階級が力を失った今、次に世の中を動かすのは言論だと考えていた。人々に自分の考えを伝えるために、新聞「時事新報」を創刊したり、『学問のすゝめ』を上梓したりと、精を出していくことになる。

また、言論だけではなく「次代を担う人材を育成しなければ国家の未来はない」という思いから、教育にも熱心に取り組む。その集大成が、今も慶応義塾大学として残る「慶應義塾」であり、後半生はこの学校の拡大・発展に、持てる力のすべてを注ぎ込んだと言える。

政治とは距離を置き続けた福沢諭吉

こうして、なるべく政界とは一線を引いて活動を続けていた福沢なのだが、思いもよらぬ「落とし穴」にはまって、政治の世界に引きずり込まれたことがある。意外に知られていないのだが、彼はごく短期間ながら、初代・東京府会副議長だったのだ。

●「多忙」を理由にしても断りきれず

1878（明治11）年に実施された東京府会議員選挙。

全国統一で実施されるプランが政府内でも検討されていた、民選議員選挙のテストケースとしての意味合いがあり、政治史的にも重要な選挙だった。この選挙には、現在と大きく違う点があった。

選挙権は当時の手法そのままに納税額などで線引きされていたのだが、不思議なことに被選挙人は、立候補制ではなかったのだ。

立候補制ではないから、有権者がめいめい、自分で「この人がいい」と思った人に投票することになる。そのため、絶大な名声と実績がある福沢は、格好の「投票対象」になってしまったのだ。

東京府庁。東京市役所との合同庁舎であった

得票は、その人の居住地ごとに割り振られていく。当時は芝に住んでいた福沢は、その芝区でトップ当選してしまった。

本人は、立候補もしていなければ、政界進出など考えたこともなかったから、びっくり仰天だっただろう。

しかし、これまで言論によって政治を監視する役回りを演じてきた福沢が、ルールに則った民主的な選挙の結果に「NO！」と言えるわけがない。それに、本人も望んでいた民選議院設立への第一歩なのだから、後ろ足で砂をかけるような真似はできなかった。

●二足のわらじは無理だった

結果を厳粛に受け止めた福沢は、しぶしぶながら民意に応えることにした。とはいえ、当時の彼は数多くの肩書を持ち、それらの仕事で手一杯。

とてもじゃないが、議会に出席できる見込みなどなかった。そこで律儀にも「多忙なので出席率は低くなりますが……」と断りを入れた上で議員になった。空いた時間で、できるだけ議会に貢献する、そういった心づもりだったのだろう。

しかし事態は、本人の思惑を超えたところへ進んでいく。

いよいよ議会が開催される初日。現在でもそうだが、議会には秩序を守り、議事を進行する議長や副議長といった取りまとめ役が必要になる。これが、またしても当選した議員たちの「互選」で選ばれるものだったのだ。

福沢の脳裏には府会議員選挙の悪夢が蘇ったことだろう。案の定「政界に進出してきた最後の大物」と見られていた福沢を推す議員が続出したのだ。さすがに議長職は、多忙を理由に免れたものの、「それでは副議長は……」という声が鳴り止むことはなかった。

断り切れなくなった福沢は、仕方なく副議長に就任してしまうのだった。

ところが、予想通り議会への出席がままならない日々が続く。本人としては、政治活動は自分が推進している幾多の事業と比べれば二の次の問題なのだから、身が入るはずもない。

やりきれなくなった福沢は「やはり副議長は荷が重い」ということで、早々に辞任してしまった。それでも「選ばれた以上は責任を全うせねば」と考えたのか、府会議員そのものまでは辞職することはなかった。ところが当選から1年後。やはり多忙を理由に職責を全うできていなかった福沢は、自ら申し出て議員をも辞めてしまうのだった。

ちなみに府会議員というと聞こえは良いが、互選であるにも関わらず、なんと無報酬であった。議場も国会議事堂のような立派なものではなく、そのあたりの会議室にありそうなコの字型の議員テーブルであった。他の48名の議員は福沢を推す割には封建的な人物が多く、封建社会と戦い続けた彼にとっては苦痛の日々だったろう。

むしろよく1年も保ったと言えるのではないだろうか。

明治の逸話
其の31

【東大に80年通うことができた】

津田梅子の留学費は高いか？

●選ばれし5人の少女

前述したお雇い外国人、モレルが指摘したように、国家の本当の近代化は自前の人材を育ててこそ完成される。政府もそれは承知しており、留学制度を大々的に推進していくことになる。すでに幕末の時代から、幕府主導の留学生は欧米に派遣されていたし、各藩も独自に留学生を欧米に派遣していた。新政府が形になる前にも、数多くの留学生が欧米で学んでいたのだが、これを系統立てて、より望む人材が確保できるように、ルールを決めていったのだ。

廃藩置県が実施された1871（明治4）年。いわゆる「岩倉使節団」に随行する形でアメリカに留学した5人の少女がいた。一番の年長者だったのが16歳の上田悌子で以下、14歳の吉益亮子、後に大山巌《おおやまいわお》の妻となる当時11歳だった山川捨松《すてまつ》、10歳の永井繁子《しげこ》に続き、最年少で選ばれたのが6歳の津田梅子だった。

当初は留学希望者を募集したのだが、あてが外れ集まらず、結局は政府が5人を選出したという経緯があった。彼女たちにとっては「寝耳に水」だっただろう。選考基準は曖昧だが、5人の出自を見ると、見事に「賊軍」出身者で固められている。「故郷を追われた一族の者であれば断らないだろう」、という意図が透けて見える。逆に言えば、当時の一般的な日本人女性にとって、長期にわたる留学が、いかに恐ろしいものだったかが窺える。

しかし一方で、政府が彼女たちに寄せる期待の大きさを示すデータがある。

10年間という長期の留学で高等教育修了を目指すものとされていたが、彼女たちに約束されていたのは年額1000ドル（当時のレートで1000円）の学費を支給する、というものだった。当時の物価は米が10キロ36銭、東京大学の年間授業料が12円。いかに巨額の支出だったかが分かる。アメリカ・サンフランシスコに無事入港すると、現地では熱狂的な歓迎を受けた。年端もいかない黒髪の少女が、神秘的な和服に身を包み、おしとやかに、はにかんでいるのだから誰だって「カワイイ！」と叫びたくなったことだろう。

洋装で記念撮影。抱かれる子どもが津田

使節のリーダー・岩倉具視は現地で洋装に着替えたのだが、これを見た少女たちは、「私たちも洋服が着たい！」と伊藤博文に訴えた。わずか数日で彼女たちの洋服が調えられ、ドレスに帽子を被って記念撮影。こうして彼女たちの留学生活がスタートしたのだった。

岩倉使節団とともにアメリカに渡った留学生の金子堅太郎

それぞれホームステイ先に落ち着いて、勉学に励んだ。ところが、生活習慣などの違いに戸惑ったのか、年長の上田と吉益が体調を崩し1年も経たずに帰国してしまう。やはり異文化に溶け込むのに、年齢の壁は高いようだ。

ちなみに、この時に同行した留学生は彼女たちだけではない。女性、しかも少女ということで5人がクローズアップされるが、彼女たち以外に官費・私費合わせて53人もの大量の男子留学生が随伴していた。

彼らはアメリカに限らずヨーロッパ各国に派遣され、それぞれが専門分野に磨きをかけるべく勉学に勤しんだ。使節団が出発する当時、海外留学生はトータル３００人ほどだったというから、それと比べても大規模な留学生派遣事業だったことがわかる。

男子留学生は少女５人と違い勉学に意欲的な人材が多く、旧大名家の若き当主や跡取り、公家、政府要人の息子など名門のプリンスが顔を揃えていた。一例を挙げれば、旧徳島藩主・蜂《はち》須賀茂韶《すかもちあき》や旧佐賀藩主・鍋島直大《なおひろ》、旧福岡藩主・黒田長知《ながとも》、大久保利通の次男・牧野伸顕《のぶあき》などだ。彼らの従者兼任で留学した者の中には、金子堅太郎や団琢磨《だんたくま》などもいた。

●日本語を忘れた女子留学生の悲哀

さて、アメリカ留学を果たした少女3人。無事に満期10年の留学期間を全うし、日本へ帰国することになる。せっかくの母国だが、彼女たちには新たな困難が待ち構えていた。日本語を忘れてしまっていたのだ……。

特に津田に至っては、あまりにも幼い時分に渡ったため、帰国時には日本語がほとんど話せなくなっていた。会話をしていても、とっさに出てくる言葉は英語。日本語しか話せない家族とのコミュニケーションに苦しんだのだ。

次のような信じられないエピソードもある。

帰国して間もないある日。路上で道に迷ってしまった津田は、行き交う人に道を尋ねたいのだが、パニックになってしまい日本語が出てこない。すると、たまたま通りかかった日本語が話せるアメリカ人が通訳を買って出てくれて、ようやく日本人とコミュニケーションが取れ、ピンチを脱した、というものだ。

また、帰国したとき、津田はキリスト教信者になっていたのだが、実はこれ、渡航時に政府から固く禁じられていたこと。幼いがゆえに物事の理屈がよく分かっていなかった彼女は、薦められるがままに入信してしまっていたのだった。

しかしこの津田、後に日本における女子教育の第一人者として、現在も名門とされている津田塾大学を開設し歴史に名を残すのだから、1000ドルの留学費用は安かったと思うのだが、いかがだろうか。

明治の逸話 其の32

【本当は軍人になりたくなかった】

気弱で病弱だった乃木希典少年

●意外に線が細かった乃木少年

次ページに掲げた乃木希典《のぎまれすけ》の写真を見ると、実直さを絵に描いたような表情と、ちょっと思いつめた様子の目が印象的だ。彼は明治天皇が崩御するや、その大葬が執り行われた夜に、自らも死を選び忠節を証明した、明治期を代表する陸軍軍人のひとりだ。

本書で登場する乃木は、上流階級の子弟が集う学習院に第10代校長として招かれると、ミスコンに応募して優勝した末広ヒロ子を退学に追い込むなど、風紀を一新しようと厳格な教育方針で臨んでいる。いかにも軍人の中の軍人、といった印象を受けるが、実はもう一つの顔を持っていたのだ。

乃木は1865（慶応元）年に、長府藩の報国隊員として奇兵隊と連携したところから

謹厳実直を体現したような乃木希典

軍人としてのキャリアをスタートさせる。以後、1871（明治4）年には陸軍少佐、西南戦争には第14連隊隊長心得として従軍し、ドイツ留学や休職を経て歩兵第一師団長などを歴任。当然のように日清戦争にも参加し、台湾総督などを務めた後の日露戦争では陸軍大将として第三軍司令官に。

　こうして経歴を見ると、生粋の陸軍軍人であることは間違いないし、その道の先天的な素養があって、自らの希望でこの道を進んだように思われる。

　ところが、実は乃木は、なりたくて軍人になったのではなかった。幼少期の彼は虚弱体質で臆病者。いじめられっ子でもあった乃木は、当時の本名「無人《なきと》」をもじって「泣きんど」と呼ばれていたほどだ。

　性格もおとなしく、詩歌を好む文人肌。当然ながら武芸は向かないと自覚しており、「学問で身を立てたい」と考え「ゆくゆくは文化系の職業を」と志向していたのが、若き日の乃木だったのだ。軍人としての未来図など描いたこともなかっただろう。

　彼の叔父には玉木文之進《たまきぶんのしん》という人物がいた。彼はあの吉田松陰の叔父でもあり、松陰死後に松下村塾を継いだ人物。文武のどちらかと言えば「武」に偏った人物である。

父に武人への道を勧められていた乃木少年は、この叔父に「自分の意志を説明して、進路を変えることを納得させて欲しい」と頼み込む。ところが少年の当ては外れた。この叔父もまた、彼の意向を「軟弱」だと一喝、味方になってくれるどころか激怒されてしまったのだ。

そこで、気弱な乃木少年はどう対処したか？

何と叔父の剣幕に気圧されてしまい「弟子入りさせてください！」と頼んでしまうのだ。この調子で10代の多感な時期を過ごし、19歳で文学と兵学のどちらを選ぶか悩んだ時も、今度は従兄弟の一喝で軍人に。こうして彼の生涯は定まったのだった。

第二次長州征伐へと出陣した乃木は、時代の波に飲み込まれるかのように、武人としての道を歩んでいく。元来、戦に向かない性格なので「戦下手」であることは終生、変わらなかった。

ところが運が良いのか悪いのか、事実上のデビュー戦となる第二次長州征伐の小倉戦争では、奇兵隊の山県有朋指揮下で小倉城への一番乗りを達成。維新後は、それまでに培ってきた人脈が奏功して、早々に少佐へ任官。22歳だった乃木は抜擢ともいえる人事で二官の仲間入りを果たしたのだった。

●能力よりも性格が重宝された？

彼が陸軍で一貫して重用されてきたのは、立見尚文《たつみなおふみ》のように戦場での抜群の嗅覚があったからではなく、川上操六のような卓越した作戦立案能力があったからでもない。そういった軍人としての資質よりも、乃木が持つ人格や思考回路に理由があった。

西南戦争で連隊旗を奪われた失態を、死ぬまで恥じていたと言われているほど、彼は清廉で裏表がない性格だった。一本気で、命令には常に忠実であろうとするし、頼まれれば嫌とは言えない気質だった。だからこそ、彼が持つ能力の限界以上に、頼ろうとする人が現れるのだ。

明治日本の命運を決する日露戦争では、膠着する戦況を打開するために設けられた、第三軍の司令官を拝命。さすがに、この頃には軍人気質が育っていたようで拝命を喜んでいた乃木だったが、駆り出された戦場は地獄そのもの。果てのない要塞戦で長男と次男を失った乃木は、無謀とも思える「白襷隊《しろだすきたい》」による突撃を何度も繰り返した。

これが世論の反感を買い、司馬遼太郎『坂の上の雲』に代表されるような「乃木無能論」の根拠となるのだが、彼の名誉のために断っておくと、当時の乃木に残された作戦や命令は、ほぼ、これしかなかったのが実情だ。

もともと日露戦争開戦時に想定されていた、陸軍の進撃ルートや陸軍の作戦展開地域が不明瞭で、陸海軍の連携も後手後手、どうにもならなくなって着手されたのが、予定にはなかった陸軍による旅順攻略だった。しかも作戦満了までの期限だけが示される一方で、補給はなく、肉弾戦に頼る以外の方法が見当たらなかったのだ。

実直な彼の性格に不向きな作戦だった上に、その性格が命取りとなって生まれてしまった悲劇の突貫戦だ。一本気だからこそ、成功まで手を緩めることができず、それが仇となって被害を増やした側面は否めない。

だからこそ、彼を指揮官にした当事者ともいえる、親友の児玉源太郎が、乃木の経歴に傷をつけまいとして、巧妙に乃木の指揮権を自分に移し、作戦を変更して旅順攻略への道筋をつけることになるのだ。最後の最後まで人望に助けられた軍歴だと言えるだろう。

明治の逸話
其の33

【密かに総理大臣を狙っていた】
組閣の青写真を描いた児玉源太郎

●人生の岐路に立つ天才エリート

日露戦争において第三軍の司令官に親友の乃木希典を推し、絶望的となった旅順攻略戦を引き継いで自ら指揮。勝利に導いたのが日本陸軍の頭脳・児玉源太郎《こだまげんたろう》である。

彼の陸軍大学校時代の指導教官で、ドイツ陸軍少将のクレメンス・メッケルをして「児玉がいる限り日本が敗れることはない」と言わしめた天才である。

その彼の、軍人としてのキャリアのスタートは、戊辰戦争の終幕・箱館戦争だった。下士官として従軍した彼は戦後、改めて新政府が創設した陸軍に入隊。ここには自分を育ててくれた義兄を、佐幕派のテロによって殺された怨念が影響していたのかもしれない。

西南戦争では熊本城籠城戦に参加し、司令長官だった谷干城《たにたてき》の補佐として活躍、城を薩摩軍から守り切った。その後の昇進ぶりは目覚ましく、1883（明治16）年には、世が世なら「殿上人」の一員としての資格を示す「従五位」に昇叙。2年後には「勲三等旭日中綬章」を受章、その4年後には陸軍少将に、そして官位も「従四位」に。

児玉も乃木と同じく台湾総督経験者で、日清戦争終結から3年後に着任した際には後藤新平を民政局長に抜擢して信任し、統治に「アメとムチ」を効果的に用いて、短期間で台湾を掌握することにも成功している。

日露開戦に突き進んでいた時代には、台湾総督兼内務大臣として、政治の世界にも深く足を踏み入れていた児玉。開戦前年の1903（明治36）年には、前任者の急死という非常事態を受けて、内務大臣を辞任しての参謀本部次長を拝命した。

日本陸軍の頭脳・児玉源太郎

大山巌参謀総長たっての依頼ではあったが、帝国陸軍の歴史の中で、降格人事を自ら快諾したのは、この時の児玉ただひとりだ。この頃の彼は陸軍中将であり官位は「正三位」、受章した勲章は「勲一等」、陸軍大臣なども歴任済みだった。まさしく元老に次ぐ重鎮の一角を担っていたのだ。

その児玉だが、日露戦争開戦直前に、〝幻の首相候補〟

になったことがある。

日露開戦に向けて精力的に動いていた当時の総理大臣が桂太郎。ところが開戦に向けて、元老で穏健派の伊藤博文と、強硬派の山県有朋が対立するなど予断を許さない状態が続いており、1903（明治36）年末には桂を弾劾した衆議院を、逆に桂が解散に追い込むなど、政局は流動的だった。実は日露開戦直後の3月1日には、解散させられた衆議院の総選挙が実施されていたほどだ。

そこに降って湧いたのが、桂の辞任騒ぎ。実は、政局を有利に運ぶために仕掛けたブラフに過ぎなかったのだが、政界スズメたちが「後継者は誰か？」と言い募ったりするものだから、児玉も気にかかるようになった。

加えてそこへ、児玉が思わず身を乗り出さずにはいられない情報が飛び込んでくる。それは「元老たちはどうも、状況打開のために児玉を首相候補として、天皇陛下に推薦しようとしている」というものだった。

●勇み足で赤っ恥

これを聞いた彼は欣喜雀躍した。児玉は掛け値なしに優秀な人間だったが、同時にそんな自分に絶大な自信を持っていた。能力と功績を考慮すれば、自分が後継に相応しいと本気で信じていたのだ。

彼は、いつその時が来ても即座に対応できるように、元老たちを前に気が早い「所信表明」までしてしまった。おそらく元老一同は、やる気満々の児玉の様子を見て、呆気にとられたことだろう。気が逸る児玉は、続いて内々に組閣の青写真作りを始める。

自分が首相なのは決定事項として、ほかの大臣は誰が適任だろうか――。考え抜いた末に児玉が出した結論は、「主要閣僚は自分が兼任しちゃえば簡単だ」というものだった。

当時も桂内閣で台湾総督と内務大臣を兼任していたし、文部大臣まで兼ねていた時期もある。第4次伊藤内閣では台湾総督兼陸軍大臣だったし、遡れば日清戦争後には大本営の陸軍参謀を務める傍ら、臨時陸軍検疫部長を務めたこともあれば、台湾では様々な部局の部長を兼任したこともある。もっと昔を辿れば、西南戦争直後にも近衛局勤務の一方で、勲功調査御用掛も合わせて務めていた。

「兼務は得意」というのが、児玉の自己分析だったのだ。そこで彼は、喫緊の課題が山積している外務や大蔵、内務などを兼任するという構想を作り上げたのだった。

ところが、そうして未来の自分を思い描いていたところに「桂の辞意はブラフ」の一報がもたらされる。見事に撃沈された児玉の政権欲。とんだ勇み足で恥をかいた反省からか、これに凝りた児玉は、それから二度と政権への野心を口にすることはなかった。

結果的に、「地位や権力に固執しない」という、広く兵に慕われるキャラクターがそれまで以上に育まれることになった。

気さくといえば、日露戦争の勝利を讃える展覧会会場で、児玉をナポレオン・ボナパルトと対比させて賞賛する来場者に歩み寄ると、「児玉はそれほど大した男じゃない」と囁いて立ち去る悪戯を敢行している。振り返った来場者は、発言の主が本人だと一目で分かり、驚愕したとか。

児玉は日露戦争の激務が祟ったのか、終戦翌年には急死してしまうが、その亡骸を納めた棺には、激しく降り注ぐ雨をものともせず最後まで寄り添う乃木の姿があった。

明治の逸話
其の34

【魂の抜け殻だったのか？】

坂の上の雲を越えた秋山真之

●戦後もキャリアを積み重ねた

日露戦争において、「変人」「奇人」と囁く周囲をものともせず、東郷平八郎提督を助け、その名を永久不朽とした天才参謀・秋山真之。「T字戦法」「七段構えの戦法」でロシアの海軍を完膚なきまでに無力化した彼は、間違いなく日露戦争のMVP候補のひとりである。

〝智謀湧くが如し〟と謳われた頭脳、「天気晴朗なれども浪高し」の電文から伝わってくる詩才。陸軍騎兵の実質的創設者でもある実兄・好古《よしふる》との兄弟愛などは、数多くの文学・映像作品に取り上げられている。

では、その生涯のハイライトである日本海海戦後、秋山はどのような人生を送ったのだろうか？　本項では、あまり語られることのない彼の後半生に注目してみたい。

『坂の上の雲』の主人公・秋山真之

日露戦争勃発にあたり、主任参謀に抜擢された秋山は弱冠36歳。日露戦争が日本の大勝利で幕を閉じると、秋山は参謀就任前の職務に戻り、海軍大学校の教員としてのキャリアをリスタートさせる。

それでも彼の能力を評価する向きからは、「現場で力を発揮して欲しい」という声も聞こえてくる。そこで「伊吹」や「音羽」といった軍艦に、艦長として乗り込んでいた時期もあった。さらに第一艦隊の参謀長を歴任するなど、着々とキャリアに華を添えていく。

●燃え尽きた？

秋山評でよく見られるものに「燃え尽き症候群だったのでは？」というものがあるが、少なくとも人事記録から見る限り、日本海海戦で燃え尽きてしまった様子はなく、着実に職務を遂行している。大正期の話になるが、1914（大正3）年にヨーロッパで第一次世界大戦が起きていたときには海軍省軍務局長という、軍政組では高級幹部といえるポジションについていたし、海軍を窮地に追いやった一大疑獄「シーメンス事件」が起きたときには、その事後処理という重要な役回りを担当している。それらの功績が認められてか、1917（大正6）年には海軍中将に昇進した。

一方で秋山は学究肌で、周囲からすると「何を考えているかわからない」というイメージは確かにあり、率先して人付き合いをするような性格でもなかったから、実績のわりには組織内では影が薄くなりがちだったのかもしれない。

それらの要因が「燃え尽き症候群説」の出処ではないだろうか。

●宗教に入れ込んだ後半生

いずれにせよ秋山の頭脳は冴え渡ったまま。例えば1907（明治40）年には、洋上に出ての演習に審判として参加しながら、艦内に引きこもって軍医長との囲碁に興じる。にも関わらず、演習も終わる頃に甲板へ姿を現すや、経過説明を聞いただけで勝敗を即座に判定してしまう。のみならず講評までその場で書く無道ぶり。「ずいぶんといい加減な審判がいたものだ」と不満の声が上がりそうだが、そこは秋山。ぐうの音が出ないほど、見事な判定内容と講評文で、誰も不満を口にするものはいなかったという。

また、第一次世界大戦が勃発すると、情報を得やすい軍務局長という立場にあったとはいえ、大戦の趨勢を言い当ててしまったともいう。世界が真っ二つになって戦争をしているのだから、どちらが勝つかを予想するのは至難である。当時の日本では、政治家も軍人も、大戦の行方が見えずに困っていたから、これは慧眼というほかない。

そんな秋山だが、やがて自らを救済する手段として宗教を欲するようになる。

最初はグループ・サークルのような形で「皇典研究会」を発足させたが、自らを満足させる活動ができなかったようで、ほどなく日蓮宗系の「天晴会」に加入。その後も自らの欲求に従って新興宗教を含め、様々な団体と関係を持った。秋山はとにかく、この世の真理法則というか、心の依りどころになり得る「確かな何か」を得たかったのではないだろうか。

どんな宗教や思想に巡り会っても、その教えの本質部分を追求しまくるわけだから、これは大変に骨が折れる作業。本職といえる宗教家たち自身も人生をかけて追い求めているものを、後から入ってきて先に発見しようというのだから。

こうして日露戦争後、奇人変人という評判ばかりが先行していた感のある秋山。その最期はあまりにもアッサリというか呆気ないものだった。

１９１８（大正７）年。第一次世界大戦の熱波が依然として世界中を覆っていたこの年に秋山は49年の人生に幕を下ろす。前年に発症していた盲腸炎が再発、そのせいで腹膜炎をも併発してしまうのだ。見舞いに訪れる客に対して発した言葉は、

「お世話になりました。これから、一人で行きますから」

やはり、どんな宗教も秋山の心を満たしてはくれなかったのだろうか……。

おわりに

こんなことを書くと教育関係者に怒られるかもしれないが、本書のテーマである明治時代は、歴史の授業では最後部近くに位置する時代ということもあって、学校ではあまり深く扱うことがない時代だと思う。この時代に関する多くの知識はおそらく、自らの好奇心が赴くままに独習した結果、得られたものだという人が大半ではなかろうか。

かくいう筆者も、物書きという仕事柄、明治時代の主要な出来事についてはひと通りの知識を持ち合わせていたものの、それは表層的な部分に留まっていた。

それがテーマ別にいろいろ調べていくと、「表層」で示された印象とまったく違うではないか、という驚きに、すぐさま出会った。

割と単純化された構図の中でしか「明治」を知らなかったが、一本調子だったり直線的であったりすることなどほとんどない。考えてみれば当然なのだが、利害関係が絡み合ったり、紆余曲折が何回も訪れたり、イメージからは想像できない複雑な様相が目の前に現れる。それらがマクロ的に見れば「一本調子」「直線的」に見えるだけで、ミクロの視点では全然違う姿を見せる。何やら物理や天文の世界とも通じるような、顕微鏡を覗いた時のような、おもしろい姿を見せ続けてくれるのだ。

テーマに沿っていそうだと思いつつも、泣く泣く掲載を断念したエピソードも多い。いわゆる「小ネタ」と呼ばれるものたちだが、これは裏返せば、「明治」という時代が本書で提示した以上に複雑かつ好奇心をそそるネタの宝庫だった、ということ。前著『幕末の大誤解』同様、そうした表も裏も合わせて知れば、もっともっと、その時代の歴史が楽しめると思う。少なくとも著者は、この楽しみを満喫できた。

本書を読み終えた後、明も暗も織り交ぜた多様な魅力にあふれる「明治時代」を再確認していただければ、と思う。

今回も前作に続いて今作の文庫化に際しても、名畑諒平さんの大きな力添えをいただいた。この場を借りて改めて感謝いたします。

２０１８年５月　熊谷充晃

【主要参考文献】（著者五十音順）

青木美智男『大系　日本の歴史〈11〉　近代の予兆』小学館／飛鳥井雅道『坂本龍馬』講談社／有森隆『創業家物語』講談社／安藤優一郎『幕臣たちの明治維新』講談社『新島八重の維新』青春出版社『幕末維新　消された歴史』日本経済新聞出版社／飯田鼎『福沢諭吉』中央公論新社／家近良樹『幕末の朝廷』中央公論新社／猪飼隆明『西郷隆盛』岩波書店／池田敬正『坂本龍馬』中央公論新社／石井寛治『大系　日本の歴史〈12〉　開国と維新』小学館／石川英輔『大江戸生活事情』講談社／石光真人『ある明治人の記録』中央公論新社／井上勲『王政復古』中央公論新社／井上勝生『幕末・維新　シリーズ日本近現代史1』岩波書店／井上寛司『「神道」の虚像と実像』講談社／入江昭『日本の外交』中央公論新社／生方敏郎『明治大正見聞史』中央公論新社／梅渓昇『お雇い外国人』講談社／江崎俊平、志茂田誠諦『日本剣豪列伝』学習研究社／江藤淳、松浦玲（編）『海舟語録』講談社／大石学『新選組』中央公論新社／小川原正道『西南戦争』中央公論新社／刑部芳則『洋服・散髪・脱刀　服制の明治維新』講談社／小田部雄次『華族』中央公論新社／茅原健『工手学校』中央公論新社／菊地明『京都見廻組　秘録』洋泉社／呉光生『大江戸ビジネス社会』小学館／黒川みどり『近代部落史』平凡社／此経啓助『明治人のお葬式』現代書館／小林和幸『谷干城』中央公論新社／酒井シヅ（監修）『まるわかり　江戸の医学』ベストセラーズ／坂崎紫瀾、林原純生（校注）『汗血千里の駒』岩波書店／坂野潤治『大系　日本の歴史〈13〉　近代日本の出発』小学館／坂本藤良『幕末維新の経済人』中央公論新社／佐々木克『戊辰戦争』中央公論新社／佐藤誠朗『幕末維新の民衆世界』岩波書店／佐藤雅美『大君の通貨』文藝春秋／篠田鉱造『増補　幕末百話』岩波書店／渋沢栄一（著）、守屋淳（編訳）『現代語訳　渋沢栄一自伝』平凡社／子母澤寛『新選組始末記』『新選組遺聞』『新選組物語』中央公論新社／週刊朝日（編）『値段の明治大正昭和風俗史（上）』朝日新聞社／鈴

木眞哉『その時、歴史は動かなかった!?』ＰＨＰ研究所／鈴木健夫、ポール・スノードン、ギュンター・ツォーベル『ヨーロッパ人の見た幕末使節団』講談社／鈴木亨『日本の古城・名城　１００の興亡史話』学習研究社／高橋敏『清水次郎長』岩波書店／瀧井一博『伊藤博文』中央公論新社／鶴見俊輔（編著）『日本の百年〈1〉御一新の嵐』筑摩書房／寺沢龍『明治の女子留学生』平凡社／遠山茂樹『明治維新』岩波書店／徳川宗英『最後の幕閣』講談社／鳥海靖『逆賊と元勲の明治』講談社／中村彰彦『脱藩大名の戊辰戦争』中央公論新社／中村武生『池田屋事件の研究』講談社／成田龍一『近現代日本史と歴史学』中央公論新社／秦郁彦『靖国神社の祭神たち』新潮社／羽仁五郎『明治維新史研究』岩波書店／樋口雄彦『旧幕臣の明治維新』吉川弘文館／福岡博『佐賀の幕末維新　八賢伝』出門堂／星亮一『会津戦争全史』講談社『女たちの会津戦争』平凡社／真島節朗『「浪士」石油を掘る』共栄書房／松浦玲『坂本龍馬』『新選組』岩波書店『徳川慶喜　増補版』中央公論新社／松方冬子『オランダ風説書』中央公論新社／村上泰賢『小栗上野介』平凡社／村山吉廣『藩校』明治書院／毛利敏彦『明治六年政変』『大久保利通』『増訂版　江藤新平』中央公論新社／安丸良夫『神々の明治維新』岩波書店／柳父章『翻訳語成立事情』岩波書店／山田順子『時代考証家に学ぶ時代劇の裏側』講談社／好川之範『箱館戦争全史』新人物往来社／アーネスト・サトウ（著）、坂田精一（訳）『一外交官の見た明治維新（上・下）』岩波書店／エドゥアルド・スエンソン（著）、長島要一（訳）『江戸幕末滞在記』講談社／ニコライ（著）、中村健之介（訳）『ニコライの見た幕末日本』講談社／タウンゼント・ハリス（著）、坂田精一（訳）『日本滞在記（上・中・下）』岩波書店／Ａ・Ｂ・ミットフォード（著）、長岡祥三（訳）『英国外交官の見た幕末維新』講談社

『徳川将軍家人物系譜総覧』『江戸三百藩　藩主列伝』『徳川御三家・御一門のすべて』／宝島社『別冊宝島　幕末テロ事件史』／ＫＫベストセラーズ『歴史人別冊　幕末維新の真実』

著者略歴

熊谷充晃（くまがい・みつあき）
1970 年生まれ、神奈川県出身。
フリーライターとして編集プロダクションに在籍、後に週刊誌の専属フリー編集記者。芸能から社会時事ネタ、風俗から美容・健康法や占いなど幅広いジャンルで活動。複数の単行本を刊行しているほか、雑誌やムックでも執筆。大手企業の公式サイト内コンテンツや新聞コラムの連載なども手がけている。
主な著書に『教科書には載っていない！ 幕末の大誤解』『教科書には載っていない！ 戦国時代の大誤解』『教科書には載っていない 戦争の発明』（彩図社）、『知っていると役立つ「東洋思想」の授業』（日本実業出版社）など。

教科書には載っていない！明治の日本

平成 30 年 7 月 5 日 第 1 刷

著　者　熊谷充晃

発行人　山田有司

発行所　株式会社彩図社
〒 170-0005
東京都豊島区南大塚 3-24-4 MTビル
TEL 03-5985-8213　FAX 03-5985-8224

URL：http://www.saiz.co.jp/
Twitter：https://twitter.com/saiz_sha

印刷所　新灯印刷株式会社

ISBN978-4-8013-0308-9 C0121
乱丁・落丁本はお取り替えいたします。（定価はカバーに表示してあります）

本書は、2014 年２月に小社より刊行された『教科書には載っていない！ 明治の日本』を修正の上、文庫化したものです。